小学校英語サポートBOOKS

覚えたい600語を収録！

小学校英語 教科書単語

パズル&クイズ100

吉田文典 著

明治図書

まえがき

筆者は教室に足を運ぶ前，いつも考えていることがあります。それは，

> 「今日はどのようにして生徒を『クスッ』とさせるか」

ということです。もちろん「クスッ」とは，何かおもしろいことが起こって，その瞬間だけ突発的に笑う表現です。すなわち，爆笑とまではいかないまでも，生徒たちの喜ぶ笑顔が見たいわけです。その１つの方法として，筆者は英語のパズルやクイズを取り入れることにしています。

これまで30数年間に渡り，様々な英語のパズルやクイズの作成に取り組んできました。そして，それらの教材に生徒たちが好反応を示してくれ，それがまた新しい教材を作るエネルギーとなりました。そう考えると，生徒たちには大いに感謝をしなければならないのかも知れません。

本書の英語のパズルやクイズは，文部科学省の英語教材 "We Can!" や教科書に掲載されている英単語をもとに作成しました。2020年度より，小学校の英語教育が本格化され，小学5〜6年生では英語が正式な教科となりました。すなわち，教科書を用い，正式な教科として成績表で評価されることになり，英語は「勉強しなければならない」対象となったわけです。

筆者が教鞭をとっている高校にも英語が嫌い，英語が苦手という生徒が一定数いるのは事実ですが，学力差の激しい小学校では，なおさらかも知れません。英語嫌いを克服するためには，まずは英語に興味を持つことが大切です。その１つのきっかけとして，本書がお役に立てば幸いです。トータル数100の英語のパズルやクイズを掲載し，活用しやすいよう，問題レベルを星の数3段階で表示しています。

本書を通して，英語の授業中に生徒たちが「クスッ」とし，教室になごやかな雰囲気が漂うことを期待しつつ，筆を置くことにします。

2020年7月

吉田　文典

1 授業のイントロダクションに

授業の本題に入る前の「つかみ」として利用しましょう。印刷する場合，下に記した「使える時間」を参考にして，問題を選びましょう。また，「アルファベットクイズ」など，印刷せず，口頭や板書のみでできるものもあります。

少
↑
使える時間
↓
多

①印刷用紙＝Ｂ５判縦
・問題数の少ない「問題レベル易（★☆☆）」のものを選びましょう。
・問題数の多い「問題レベル易（★☆☆）」のものを選びましょう。
・問題数の少ない「問題レベル中（★★☆）〜難（★★★）」のものを選びましょう。
・問題数の多い「問題レベル中（★★☆）〜難（★★★）」のものを選びましょう。
②印刷用紙＝Ｂ４判横
・左右両側に「問題レベル易（★☆☆）」のものを選びましょう。
・左側に「問題レベル易（★☆☆）」のもの，右側に「問題レベル中（★★☆）〜難（★★★）」のものをミックスさせましょう。
・左右両側に「問題レベル中（★★☆）〜難（★★★）」のものを選びましょう。

2 1時間フルに使って

年間の総授業時間数が決まっている中，なかなか難しいかも知れませんが，他クラスとの授業進度等の調整が必要な場合に，1時間フルに使って取り組ませましょう。「英単語探し」など，Ｂ４判横用紙左右両側に印刷し，問題数の多くなるものは，クラスを6グループぐらいに分け，グループごとに得点を競い合わせるとたいへん盛り上がります。その際，数問には，得点が倍になるボーナスワードを設けるとよいでしょう。

3 宿題として

宿題として取り組ませ，次回の授業で答え合わせをするようにしましょう。その際，問題数は多めのものの方がよいでしょう。

4 「出題チェックリスト」の活用方法について

①授業を担当しているクラスを記入します。
②出題した項目名を記入します。
③出題後にチェックマークをつけることによって，どのクラスにどの項目を出題したかを確認することができます。

【出題チェックリスト】

項目名	クラス					
	-	-	-	-	-	-

目次

星の数は問題レベルの目安

★☆☆＝やさしい　40問

★★☆＝中程度　46問

★★★＝難しい　14問

Part1

かくされた英単語 編

英単語作成 編

おもしろスペリングパズル＆クイズ 編

Part4

英語クイズアラカルト 編

解答編

Part
1
かくされた
英単語編

01 英単語の出現

指示に従って，アルファベットのマス目を塗りつぶすと，英単語が浮かび上がってきます。その英単語とは何でしょうか？

_____に英語，（　　　　　　　）に日本語を書いてみましょう。

① 直線だけから成るアルファベットのマス目を塗りつぶしてみましょう。

C	B	G	D	O	S	R	C	B	D	Q	O	P	D	R	B	O	G	C	O	B	G	P	S	B	P	D	S	R	B	J
G	A	R	J	E	P	Q	F	I	X	H	D	J	I	S	O	K	S	J	L	H	W	M	C	G	N	Z	E	V	C	S
J	Z	B	O	Y	B	S	A	O	J	F	Q	G	H	Q	D	Y	G	D	F	C	O	R	R	O	I	D	Q	P	J	B
R	E	Q	G	H	J	O	K	G	S	H	R	P	W	J	G	V	R	C	Y	O	R	J	D	C	E	Q	C	B	R	Q
D	K	N	I	W	S	P	N	S	O	X	G	S	Z	Q	R	M	S	G	L	V	F	V	D	Q	Y	W	K	L	S	C
B	A	R	P	F	P	J	V	Q	G	M	D	J	E	S	G	E	C	P	Q	D	J	X	B	S	F	Q	G	P	O	B
R	M	S	G	L	D	C	H	G	P	N	Q	R	L	B	C	A	S	J	J	P	O	I	J	P	L	P	O	B	J	P
S	W	R	Q	X	C	J	Y	A	K	Z	B	D	I	N	A	H	C	P	M	K	N	F	O	B	E	Z	M	A	D	O
D	B	S	R	O	Q	O	C	S	D	B	C	P	D	G	S	R	D	Q	J	C	B	S	C	R	O	J	C	P	R	G

浮かび上がってきた英単語は

_____（　　　　　　　　　　　）

② 左右対称のアルファベットのマス目を塗りつぶしてみましょう。

B	J	N	D	E	Q	K	E	D	P	F	L	Q	C	P	N	Z	B	D	R	G	P	C	L	B	R	S	K	Z	B	C
C	A	Y	I	O	S	H	M	O	I	C	W	F	N	M	B	U	X	T	O	E	V	A	Y	T	D	U	G	S	Q	G
Z	M	D	B	F	E	W	F	K	T	E	U	B	R	X	F	W	G	C	U	J	Y	K	J	I	F	O	L	C	R	J
J	O	E	G	Z	D	U	L	B	K	C	I	R	S	V	B	O	Q	P	M	D	H	P	E	M	K	T	F	L	K	S
G	X	W	Y	M	Z	X	K	D	G	Z	O	M	A	Y	C	T	N	D	V	G	X	E	G	Y	C	W	J	N	Z	B
E	L	C	S	V	F	T	S	J	E	J	U	R	Q	M	F	H	Q	S	A	K	T	S	J	A	L	I	L	P	G	N
S	D	Z	D	I	S	H	F	R	U	L	H	G	L	W	N	I	J	P	O	R	I	K	L	Y	K	X	F	Z	N	P
F	V	A	H	X	G	W	A	M	H	R	X	N	P	I	Z	Y	V	A	H	Z	O	H	V	U	J	T	V	W	A	N
D	G	B	E	Z	J	F	C	Q	S	J	E	Q	Z	R	K	Q	P	S	D	L	B	N	G	C	N	Q	L	P	B	E

浮かび上がってきた英単語は

_____（　　　　　　　　　　　）

おりの中にいる動物を探しましょう。_____に英語，（　　　　）に日本語を書いてみましょう。

1

_____

（　　　　　　　　　　　　　　）

2

_____

（　　　　　　　　　　　　　　）

3

_____

（　　　　　　　　　　　　　　）

4

_____

（　　　　　　　　　　　　　　）

5

_____

（　　　　　　　　　　　　　　）

Level
★☆☆

おりの中にいる動物を探しましょう。＿＿＿＿に英語，（　　　　）に日本語を書いてみましょう。

1　RABBIT

＿＿＿＿＿＿＿＿＿＿
（　　　　　　　　　）

2　SHEEP

＿＿＿＿＿＿＿＿＿＿
（　　　　　　　　　）

3　PANDA

＿＿＿＿＿＿＿＿＿＿
（　　　　　　　　　）

4　MONKEY

＿＿＿＿＿＿＿＿＿＿
（　　　　　　　　　）

5　ZEBRA

＿＿＿＿＿＿＿＿＿＿
（　　　　　　　　　）

４分の３かくれんぼクイズ（その１）

かくれている英単語を当て，＿＿＿＿に英語，（　　　　　　）に日本語を書いてみましょう。

①

＿＿＿＿＿＿
（　　　　　　）

②

＿＿＿＿＿＿
（　　　　　　）

③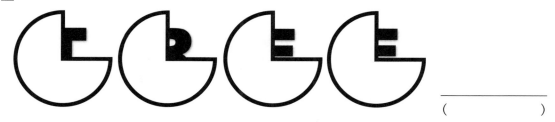

＿＿＿＿＿＿
（　　　　　　）

④

＿＿＿＿＿＿
（　　　　　　）

４分の３かくれんぼクイズ（その２）

かくれている英単語を当て，＿＿＿＿に英語，（　　　　　）に日本語を書いてみましょう。

１

＿＿＿＿＿＿＿＿
（　　　　　　　）

２

＿＿＿＿＿＿＿＿
（　　　　　　　）

３

＿＿＿＿＿＿＿＿
（　　　　　　　）

４

＿＿＿＿＿＿＿＿
（　　　　　　　）

４分の３かくれんぼクイズ（その３）

かくれている英単語を当て，＿＿＿＿＿に英語，（　　　　　）に日本語を書いてみましょう。

①

_____
（　　　　　　　）

②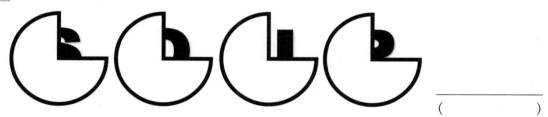

_____
（　　　　　　　）

③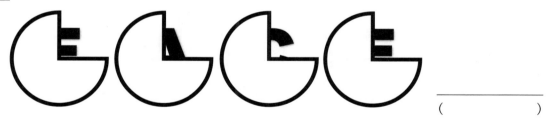

_____
（　　　　　　　）

④

_____
（　　　　　　　）

4分の3かくれんぼクイズ（その4）

かくれている英単語を当て，＿＿＿＿＿に英語，（　　　　　）に日本語を書いてみましょう。

①
＿＿＿＿＿＿
（　　　　　　　）

②
＿＿＿＿＿＿
（　　　　　　　）

③
＿＿＿＿＿＿
（　　　　　　　）

④
＿＿＿＿＿＿
（　　　　　　　）

階段を登るかあるいは降りると，どこかに英単語（身体部位）がかくれています。
_____ に英語，（　　　　　　　）に日本語を書いてみましょう。

1

```
T
E
H
T
E
E
T
E
```

（　　　　　　　　　　　）

2

```
N
A
H
A
N
D
A
H
```

（　　　　　　　　　　　）

3

```
A
E
R
E
R
A
E
R
```

（　　　　　　　　　　　）

4

```
H
A
D
A
E
H
A
E
```

（　　　　　　　　　　　）

5

```
E
A
F
A
C
E
A
F
```

（　　　　　　　　　　　）

6

```
N
O
E
S
O
N
O
S
```

（　　　　　　　　　　　）

階段を登るかあるいは降りると，どこかに英単語（数字）がかくれています。
＿＿＿＿＿に英語，（　　　　）に日本語を書いてみましょう。

① W T O O W T O W

② S N E V E S E V

③ N E I N I N E N

（　　　　　　　　）　（　　　　　　　　）　（　　　　　　　　）

④ R O R E Z E O R

⑤ T E E R H T E E

⑥ O N O E N O E N

（　　　　　　　　）　（　　　　　　　　）　（　　　　　　　　）

階段を登るかあるいは降りると，どこかに英単語（食べ物）がかくれています。
＿＿＿＿ に英語，（　　　　　）に日本語を書いてみましょう。

①
R
I
E
R
I
C
E
R

②
I
P
E
P
I
E
P
I

③
P
A
Z
Z
I
P
I
Z

（　　　　　　　　　　）　（　　　　　　　　　　）　（　　　　　　　　　　）

④
C
A
E
K
A
C
A
K

⑤
S
N
K
C
A
N
S
A

⑥
A
M
J
A
M
J
M
A

（　　　　　　　　　　）　（　　　　　　　　　　）　（　　　　　　　　　　）

階段を登るかあるいは降りると，どこかに英単語（生き物）がかくれています。
_____に英語，（　　　　　　）に日本語を書いてみましょう。

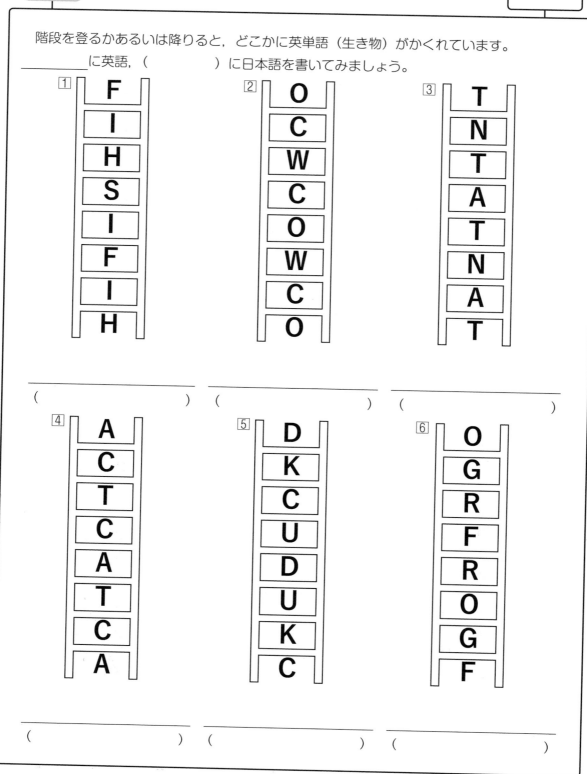

① F I H S I F I H

② O C W C O W C O

③ T N T A T N A T

（　　　　　　　　　　）　（　　　　　　　　　　）　（　　　　　　　　　　）

④ A C T C A T C A

⑤ D K C U D U K C

⑥ O G R F R O G F

（　　　　　　　　）　（　　　　　　　　　　）　（　　　　　　　　　）

英単語を消すと現れる
英単語は？

Level ★☆☆

（例）にならい，英単語を消すとどんな英単語が現れるか考えてみましょう。

（例）

| a | b | p | a | n | p | l | a | e | n | a |

「バナナ」を消すと

| a | ■ | p | ■ | ■ | p | l | ■ | e | ■ |

（リンゴ）が現れる。

①

| m | h | o | e | u | a | t | d | h |

「頭」を消すと（　　　　　　　　　　　　　　　）が現れる。

②

| h | p | o | r | a | n | s | d | e | a |

「パンダ」を消すと（　　　　　　　　　　　　　　　）が現れる。

③

| s | r | o | c | u | g | c | b | e | r | y |

「サッカー」を消すと（　　　　　　　　　　　　　　　）が現れる。

④

| p | d | i | l | o | o | c | t | t | o | r |

「パイロット」を消すと（　　　　　　　　　　　　　　　）が現れる。

⑤

| F | J | r | a | a | n | p | c | a | e | n |

「日本」を消すと（　　　　　　　　　　　　　　　）が現れる。

⑥

| w | p | u | h | r | i | p | t | l | e | e |

「白」を消すと（　　　　　　　　　　　　　　　）が現れる。

⑦

| o | c | n | a | i | r | o | r | o | n | t |

「タマネギ」を消すと（　　　　　　　　　　　　　　　）が現れる。

⑧

| p | c | r | e | a | n | c | y | o | i | l | n |

「鉛筆」を消すと（　　　　　　　　　　　　　　　）が現れる。

13 1文字とばし（その1）

Level
★☆☆

（例）にならい，1文字とばしで英単語を探し，_____に英語を書いてみましょう。

（例）

p e n （r） a （e） m （a） s （d） e p

read
（　　読む　　）

1

b o x r s o i o n k g e

（　　歌う　　）

2

d a w n a c l e k o s t

（　　歩く　　）

3

s a y n k m s a i k m e

（　　作る　　）

024

（例）にならい，1文字とばしで英単語を探し，＿＿＿＿＿＿に英語を書いてみましょう。

（例）

p e n (r) a (e) m (a) s (d) e p

read
（　　　読む　　　）

1

s o t c u l d e i a e n

＿＿＿＿＿＿＿＿＿
（　　そうじする　　）

2

s a t s a w l i t m o n

＿＿＿＿＿＿＿＿＿
（　　　泳ぐ　　　）

3

e d s a p n e s a e k r

＿＿＿＿＿＿＿＿＿
（　　　話す　　　）

15 1文字とばし（その3）

（例）にならい，1文字とばしで英単語を探し，＿＿＿＿＿に英語を書いてみましょう。

（例）

p e n (r) a (e) m (a) s (d) e p

read
（　　　読む　　　）

1

f e t c u o r o i k a m

＿＿＿＿＿＿＿＿
（　　　料理する　　　）

2

l a w t o e o a g c n h

＿＿＿＿＿＿＿＿
（　　　教える　　　）

3

h a s a r e i u d d e n

＿＿＿＿＿＿＿＿
（　　　乗る　　　）

（例）にならい，1文字とばしで英単語を探し，＿＿＿＿＿に英語を書いてみましょう。

（例）

p e n （r） a （e） m （a） s （d） e p

read
（　　　読む　　　）

1

s o n a w e a k s o h e

（　　　洗う　　　）

2

l a d t r e i a n c k h

（　　　飲む　　　）

3

c a n s e t o u d d e y

（　　　勉強する　　　）

Level
★☆☆

（例）にならい，ジグザグで英単語を探しましょう。上からスタートするとは限りません。
＿＿＿＿＿に英語を書いてみましょう。

（例）

ⓑ ⓣ ⓢ ⓗ ⓛ ⓤ ⓞ ⓔ ⓐ ⓘ ⓜ

ⓔ ⓐ ⓜ ⓘ ⓞ ⓝ ⓢ ⓨ ⓓ ⓣ ⓩ

house
(　　　家　　　)

1

ⓕ ⓘ ⓢ ⓒ ⓘ ⓤ ⓐ ⓣ ⓤ ⓨ ⓔ

ⓚ ⓔ ⓣ ⓣ ⓞ ⓥ ⓝ ⓡ ⓡ ⓣ ⓓ

(　　　国　　　)

2

ⓢ ⓟ ⓞ ⓒ ⓞ ⓔ ⓞ ⓒ ⓐ ⓜ ⓡ

ⓔ ⓣ ⓢ ⓜ ⓘ ⓡ ⓝ ⓦ ⓔ ⓣ ⓔ

(　　　理科　　　)

3

ⓟ ⓨ ⓢ ⓞ ⓗ ⓝ ⓝ ⓜ ⓡ ⓡ ⓓ

ⓔ ⓣ ⓜ ⓘ ⓐ ⓤ ⓘ ⓓ ⓐ ⓔ ⓤ

(　　　100　　　)

ジグザグ英単語（その２）

Level
★☆☆

（例）にならい，ジグザグで英単語を探しましょう。上からスタートするとは限りません。
＿＿＿＿＿＿に英語を書いてみましょう。

（例）

ⓑ ⓣ ⓢ ⓗ ⓛ ⓤ ⓞ ⓔ ⓐ ⓘ ⓜ

ⓔ ⓐ ⓜ ⓘ ⓞ ⓝ ⓢ ⓨ ⓓ ⓣ ⓩ

house
（　　　　　家　　　　　）

①

ⓜ ⓘ ⓢ ⓘ ⓐ ⓨ ⓘ ⓛ ⓞ ⓨ ⓣ

ⓖ ⓔ ⓑ ⓣ ⓒ ⓣ ⓒ ⓞ ⓔ ⓝ ⓑ

（　　　　　自転車　　　　　）

②

ⓔ ⓟ ⓗ ⓒ ⓢ ⓞ ⓘ ⓞ ⓐ ⓝ ⓓ

ⓞ ⓣ ⓢ ⓞ ⓗ ⓟ ⓞ ⓣ ⓛ ⓛ ⓔ

（　　　　　病院　　　　　）

③

ⓟ ⓐ ⓢ ⓝ ⓘ ⓡ ⓡ ⓝ ⓡ ⓔ ⓓ

ⓗ ⓔ ⓔ ⓛ ⓣ ⓑ ⓐ ⓐ ⓢ ⓨ ⓤ

（　　　　　図書館　　　　　）

19 ジグザグ英単語（その３）

Level
★☆☆

（例）にならい，ジグザグで英単語を探しましょう。上からスタートするとは限りません。
_____ に英語を書いてみましょう。

（例）

ⓑ ⓣ ⓢ ⓗ ⓛ ⓤ ⓞ ⓔ ⓐ ⓘ ⓜ

ⓔ ⓐ ⓜ ⓘ ⓞ ⓝ ⓢ ⓨ ⓓ ⓣ ⓩ

house
（　　　家　　　　）

1

ⓐ ⓣ ⓝ ⓕ ⓨ ⓞ ⓤ ⓔ ⓩ ⓐ ⓨ

ⓢ ⓛ ⓤ ⓜ ⓛ ⓔ ⓦ ⓓ ⓡ ⓞ ⓢ

_____
（　　　花　　　　）

2

ⓨ ⓤ ⓣ ⓞ ⓩ ⓝ ⓢ ⓝ ⓞ ⓛ ⓗ

ⓓ ⓔ ⓜ ⓐ ⓡ ⓔ ⓘ ⓑ ⓖ ⓡ ⓦ

_____
（　　　朝　　　　）

3

ⓖ ⓘ ⓑ ⓞ ⓢ ⓝ ⓑ ⓣ ⓛ ⓡ ⓢ

ⓦ ⓔ ⓗ ⓐ ⓜ ⓔ ⓘ ⓐ ⓨ ⓛ ⓣ

_____
（　　　野球　　　　）

ジグザグ英単語（その４）

Level
★☆☆

（例）にならい，ジグザグで英単語を探しましょう。上からスタートするとは限りません。
_____ に英語を書いてみましょう。

（例）

ⓑ ⓣ ⓢ ⓗ ⓛ ⓤ ⓞ ⓔ ⓐ ⓘ ⓜ

ⓔ ⓐ ⓜ ⓘ ⓞ ⓝ ⓢ ⓨ ⓓ ⓣ ⓩ

house
（　　　　　家　　　　　）

①

ⓗ ⓐ ⓢ ⓘ ⓐ ⓡ ⓘ ⓑ ⓝ ⓞ ⓒ

ⓕ ⓔ ⓜ ⓣ ⓛ ⓣ ⓔ ⓞ ⓨ ⓤ ⓓ

_____
（　　　　　駅　　　　　）

②

ⓒ ⓐ ⓣ ⓖ ⓘ ⓔ ⓝ ⓟ ⓛ ⓓ ⓐ

ⓛ ⓔ ⓢ ⓡ ⓤ ⓐ ⓢ ⓖ ⓞ ⓔ ⓨ

_____
（　　　　　三角形　　　　　）

③

ⓞ ⓘ ⓞ ⓣ ⓞ ⓘ ⓡ ⓔ ⓦ ⓖ ⓨ

ⓡ ⓣ ⓢ ⓜ ⓡ ⓡ ⓝ ⓞ ⓟ ⓤ ⓣ

_____
（　　　　　明日　　　　　）

スイーツクイズ

かくれているスイーツを当て，＿＿＿＿＿に英語，（　　　　　）に日本語を書いてみましょう。

①

PIE

_____

（　　　　　　　　　　　　　　　）

②

CAKE

_____

（　　　　　　　　　　　　　　　）

③

DONUT

_____

（　　　　　　　　　　　　　　　）

④

PUDDING

_____

（　　　　　　　　　　　　　　　）

⑤

ICE CREAM

_____

（　　　　　　　　　　　　　　　）

⑥

CHOCOLATE

_____

（　　　　　　　　　　　　　　　）

星形を一筆書きして５文字の英単語を探し，＿＿＿＿＿に英語，（　　　　）に日本語を書いてみましょう。

①

R
A　H
C　I

＿＿＿＿＿＿＿（　　　　　　　）

②

A
E　S
N　K

＿＿＿＿＿＿＿（　　　　　　　）

③

C
U　S
I　M

＿＿＿＿＿＿＿（　　　　　　　）

星形一筆書き（その２）

　星形を一筆書きして５文字の英単語を探し，＿＿＿＿＿＿に英語，（　　　　　　）に日本語を書いてみましょう。

①

D
E　　R
B　　A

＿＿＿＿＿＿＿＿＿（　　　　　　　　　）

②

B
E　　T
A　　L

＿＿＿＿＿＿＿＿＿（　　　　　　　　　）

③

E
Q　　N
E　　U

＿＿＿＿＿＿＿＿＿（　　　　　　　　　）

24 星形一筆書き（その３）

Level
★★☆

星形を一筆書きして５文字の英単語を探し，＿＿＿＿＿に英語，（　　　　　）に日本語を書いてみましょう。

①

E
Y P
T G

＿＿＿＿＿＿＿＿（　　　　　　　　）

②

O
I O
N N

＿＿＿＿＿＿＿＿（　　　　　　　　）

③

R
W D
L O

＿＿＿＿＿＿＿＿（　　　　　　　　）

星形を一筆書きして５文字の英単語を探し，＿＿＿＿＿に英語，（　　　　　）に日本語を書いてみましょう。

1

O
R　　　O
L　　　C

_____（　　　　　　　　　）

2

E
C　　　H
B　　　A

_____（　　　　　　　　　）

3

R
B　　　G
U　　　Y

_____（　　　　　　　　　）

一筆書きで６文字の英単語を探し，_____に英語，（　　　　　　）に日本語を書いてみましょう。

①

A	N	I
L	A	M

_____

（　　　　　　　　　　　　　）

②

D	T	O
O	C	R

_____

（　　　　　　　　　　　　　）

③

R	F	T
E	H	A

_____

（　　　　　　　　　　　　　）

④

U	U	N
T	M	A

_____

（　　　　　　　　　　　　　）

一筆書きで６文字の英単語を探し，＿＿＿＿に英語，（　　　　）に日本語を書いてみましょう。

1

L	O	O
S	C	H

＿＿＿＿＿＿＿＿＿＿＿＿＿＿＿
（　　　　　　　　　　　　　　　　）

2

E	N	L
P	C	I

＿＿＿＿＿＿＿＿＿＿＿＿＿＿＿
（　　　　　　　　　　　　　　　　）

3

C	E	T
K	A	R

＿＿＿＿＿＿＿＿＿＿＿＿＿＿＿
（　　　　　　　　　　　　　　　　）

4

M	E	H
R	O	T

＿＿＿＿＿＿＿＿＿＿＿＿＿＿＿
（　　　　　　　　　　　　　　　　）

一筆書きで6文字の英単語を探し，＿＿＿＿＿に英語，（　　　　　　）に日本語を書いてみましょう。

①

```
M M U
E R S
```

＿＿＿＿＿＿＿＿＿＿＿＿＿＿＿＿
（　　　　　　　　　　　　　　　）

②

```
O L F
W E R
```

＿＿＿＿＿＿＿＿＿＿＿＿＿＿＿＿
（　　　　　　　　　　　　　　　）

③

```
A S G
T U U
```

＿＿＿＿＿＿＿＿＿＿＿＿＿＿＿＿
（　　　　　　　　　　　　　　　）

④

```
D F I
N E R
```

＿＿＿＿＿＿＿＿＿＿＿＿＿＿＿＿
（　　　　　　　　　　　　　　　）

一筆書きで６文字の英単語を探し，＿＿＿＿＿＿に英語，（　　　　　）に日本語を書いてみましょう。

①

E	C	C
R	S	O

＿＿＿＿＿＿＿＿＿＿＿＿＿＿＿

（　　　　　　　　　　　　　　）

②

A	B	B
R	T	I

＿＿＿＿＿＿＿＿＿＿＿＿＿＿＿

（　　　　　　　　　　　　　　）

③

G	I	P
N	S	R

＿＿＿＿＿＿＿＿＿＿＿＿＿＿＿

（　　　　　　　　　　　　　　）

④

S	C	E
A	T	L

＿＿＿＿＿＿＿＿＿＿＿＿＿＿＿

（　　　　　　　　　　　　　　）

Level
★★☆

(例) にならい，タテ，ヨコ，ななめ，直線で英単語（色）を９個探してみましょう。
_____ に英語，（　　　　　　　）に日本語を書きましょう。

R	Y	E	N	D	F	S	Z	C	P
N	C	G	H	T	P	N	A	I	F
J	W	O	L	L	E	Y	N	O	B
L	A	O	X	E	I	K	B	R	G
V	O	I	R	E	D	C	U	A	D
J	E	G	T	B	K	A	H	N	M
F	P	I	L	Q	X	L	O	G	Q
Y	H	K	E	U	L	B	D	E	C
W	U	E	L	P	R	U	P	A	Z
B	W	R	K	M	S	T	V	W	N

(例) _____**RED**_____　　　　① _____
　　　（　　　**赤**　　　）　　　　　　（　　　　　　　）

② _____　　　③ _____
　　（　　　　　　　）　　　　　　（　　　　　　　）

④ _____　　　⑤ _____
　　（　　　　　　　）　　　　　　（　　　　　　　）

⑥ _____　　　⑦ _____
　　（　　　　　　　）　　　　　　（　　　　　　　）

⑧ _____　　　⑨ _____
　　（　　　　　　　）　　　　　　（　　　　　　　）

31 英単語探し（その２）

（例）にならい，タテ，ヨコ，ななめ，直線で英単語（国名）を９個探してみましょう。
　　　　　　に英語，（　　　　　　）に日本語を書きましょう。

C	A	L	Q	A	S	B	I	T	D
V	I	E	J	W	N	M	X	C	P
K	S	O	C	I	X	E	M	H	R
C	S	C	O	N	T	A	L	I	M
T	U	J	A	P	A	N	D	N	U
H	R	A	Y	N	B	R	O	A	E
G	N	G	I	F	A	J	F	R	H
F	E	S	G	A	I	D	N	I	K
P	Y	S	P	A	I	N	A	Z	Q
E	R	O	P	A	G	N	I	S	E

（例）　　　　　　JAPAN
　　　（　　　　　日本　　　　　　　）

1　_____
　　（　　　　　　　　　　　　　）

2　_____
　　（　　　　　　　　　　　　　）

3　_____
　　（　　　　　　　　　　　　　）

4　_____
　　（　　　　　　　　　　　　　）

5　_____
　　（　　　　　　　　　　　　　）

6　_____
　　（　　　　　　　　　　　　　）

7　_____
　　（　　　　　　　　　　　　　）

8　_____
　　（　　　　　　　　　　　　　）

9　_____
　　（　　　　　　　　　　　　　）

32 英単語探し（その３）

（例）にならい，タテ，ヨコ，ななめ，直線で英単語（動物）を９個探してみましょう。
＿＿＿＿に英語，（　　　　　）に日本語を書きましょう。

K	M	O	U	S	E	H	T	Y	J
A	L	F	Z	S	K	E	N	B	D
Y	G	O	R	I	L	L	A	I	C
L	C	O	S	X	N	A	H	F	E
G	H	G	D	O	G	T	P	D	U
C	Q	M	I	F	H	X	E	B	N
D	Z	L	O	P	R	B	L	P	E
V	Y	E	K	N	O	M	E	O	J
Q	I	G	P	M	F	G	U	A	W
R	W	S	N	X	T	A	V	B	R

（例）　　　　　　　**DOG**　　　　　　　　　1 ＿＿＿＿＿＿＿＿＿＿＿
　　　　　　　　　　犬　　　　　　　　　　　　　（　　　　　　　　　　　）
　（　　　　　　　　　　　　　　　　　）

2 ＿＿＿＿＿＿＿＿＿＿＿＿＿　　　　　3 ＿＿＿＿＿＿＿＿＿＿＿
　（　　　　　　　　　　　　　　　　　）　　（　　　　　　　　　　　）

4 ＿＿＿＿＿＿＿＿＿＿＿＿＿　　　　　5 ＿＿＿＿＿＿＿＿＿＿＿
　（　　　　　　　　　　　　　　　　　）　　（　　　　　　　　　　　）

6 ＿＿＿＿＿＿＿＿＿＿＿＿＿　　　　　7 ＿＿＿＿＿＿＿＿＿＿＿
　（　　　　　　　　　　　　　　　　　）　　（　　　　　　　　　　　）

8 ＿＿＿＿＿＿＿＿＿＿＿＿＿　　　　　9 ＿＿＿＿＿＿＿＿＿＿＿
　（　　　　　　　　　　　　　　　　　）　　（　　　　　　　　　　　）

（例）にならい，タテ，ヨコ，ななめ，直線で英単語（スポーツ）を９個探してみましょう。
_____に英語，（　　　　　）に日本語を書きましょう。

N	L	L	A	B	E	G	D	O	D
O	A	E	I	L	O	U	M	E	M
T	Q	Y	R	E	H	C	R	A	D
N	Z	K	A	Y	T	I	R	J	U
I	B	A	S	E	B	A	L	L	E
M	P	I	R	O	T	G	N	V	U
D	X	G	X	H	C	F	U	H	Y
A	C	I	O	S	O	C	B	R	W
B	N	N	S	I	N	N	E	T	A
G	G	N	I	L	T	S	E	R	W

（例）　　　BASEBALL
　　　（　　　野球　　　）

1 _____
　（　　　　　　　）

2 _____
　（　　　　　　　）

3 _____
　（　　　　　　　）

4 _____
　（　　　　　　　）

5 _____
　（　　　　　　　）

6 _____
　（　　　　　　　）

7 _____
　（　　　　　　　）

8 _____
　（　　　　　　　）

9 _____
　（　　　　　　　）

Level
★★☆

スタートから出発して，英語で「東西南北」と進んでみましょう。

ただし，下のルールを守りましょう。

【ルール】

（１）となりの「マス」へならば，上下左右のどちらへ進んでも構いませんが，斜めに進んだり「マス」をとびこすことはできません。

（２）同じ「マス」を何度通っても構いませんが，足踏みすることはできません。

スタート⇨

E	A	S	T	S	O	U	S
A	S	E	W	O	E	T	E
S	T	W	E	U	T	E	N
T	W	T	N	O	H	W	O
W	U	O	T	R	N	T	R
E	O	O	U	T	O	S	T
S	T	S	O	U	R	T	H

迷路（その２）

スタートから出発して，英語で「春夏秋冬」と進んでみましょう。

ただし，下のルールを守りましょう。

【ルール】

（１）となりの「マス」へならば，上下左右のどちらへ進んでも構いませんが，斜めに進んだり「マス」をとびこすことはできません。

（２）同じ「マス」を何度通っても構いませんが，足踏みすることはできません。

スタート⇨

S	P	R	I	N	G	S	U
P	I	G	R	G	S	M	M
R	I	N	S	S	U	E	M
N	W	N	M	U	M	R	E
G	I	W	M	T	M	A	R
S	N	S	E	U	E	R	A
U	T	E	R	A	M	T	U

Part
2
英単語作成編

アルファベットをつないで英単語を作ろう！（その１）

（例）にならい，アルファベットをつないで４文字の英単語を作り，_____ に書いてみましょう。

（例）　r　　e　　s　　k　　<u>read</u>
　　　　　　　　　　　　　　（　読む　　　　　）

1　l　　u　　a　　y　　_____
　　　　　　　　　　　　　　（　見る　　　　　）

2　p　　e　　o　　d　　_____
　　　　　　　　　　　　　　（　演奏する　　　　）

3　s　　o　　a　　h　　_____
　　　　　　　　　　　　　　（　歌う　　　　　）

4　m　　l　　n　　p　　_____
　　　　　　　　　　　　　　（　会う　　　　　）

5　w　　i　　m　　t　　_____
　　　　　　　　　　　　　　（　洗う　　　　　）

6　j　　a　　e　　g　　_____
　　　　　　　　　　　　　　（　ジャンプする　　）

アルファベットをつないで 英単語を作ろう！（その２）

（例）にならい，アルファベットをつないで４文字の英単語を作り，＿＿＿＿＿に書いてみましょう。

（例）	l	a	e	k	lion （ ライオン ）
①	k	o	o	r	（ 王様 ）
②	w	i	n	n	（ オオカミ ）
③	s	i	r	e	（ 星 ）
④	t	e	a	g	（ 木 ）
⑤	p	t	l	t	（ 公園 ）
⑥	v	r	s	f	（ ベスト ）

（例）にならい，日本語に合わせて，マス目に適切なアルファベットを入れてみましょう。

（例）りんご ……… | a | p | p | | l | e | | m | o | n | ……… レモン

① じゃがいも … | p | o | t | a | | | | | m | a | t | o | ……… トマト

② 風呂 ……… | b | a | | | | | r | e | e | ……… 3

③ 魚 ……… | f | i | | | | | e | e | p | ……… ひつじ

④ 白 ……… | w | h | i | | | | | a | c | h | e | r | ……… 教師

⑤ 日本 ……… | J | a | p | | | | | i | m | a | l | ……… 動物

⑥ 昼食 ……… | l | u | n | | | | | a | i | r | ……… いす

⑦ 芸術家 ……… | a | r | t | i | | | | | a | t | i | o | n | ……… 駅

⑧ 家 ……… | h | o | u | | | | | v | e | n | ……… 7

⑨ 女王 ……… | q | u | e | | | | | t | r | a | n | c | e | …… 入り口

日本語に合うように，マス目に適切なアルファベットを入れてみましょう。

① 日曜日 ·························· | | u | | d | a | y |

② 月曜日 ·························· | | o | | d | a | y |

③ 火曜日 ·························· | | u | e | | d | a | y |

④ 水曜日 ·················· | e | | e | | d | a | y |

⑤ 木曜日 ················· | | | u | | d | a | y |

⑥ 金曜日 ······················ | | | i | d | a | y |

⑦ 土曜日 ················· | a | | u | d | a | y |

40 色クイズ

日本語から連想される色を考え，その英語形をマス目に入れてみましょう。

1. r　　　　　…………………………………………… 血の色

2. b　　　　　　…………………………………… 雲のない空の色

3. p　　　　　　……………………………… 白と赤を混ぜたらできる色

4. w　　　　　　……………………………… 雪の色

5. b　　　　　　………………………………… チョコレートの色

6. b　　　　　　…………………………… 墨汁（ぼくじゅう）の色

7. g　　　　　　…………………………… 木の葉や草の色

8. y　　　　　　　……………………… レモンの色

9. p　　　　　　　………………………… 赤と青の中間色

10. o　　　　　　　………………………… 赤と黄色の中間色

説明語句から英単語を考え，マス目に適切なアルファベットを入れてみましょう。

① | s | | | |　·········· 冬，空から降ってくる白いもの

② | f | | | |　·········· 目，鼻，口がついている部分

③ | h | | | | |　·········· 鳴き声は「ヒヒーン」

④ | j | | | | |　·········· 果物・野菜などをしぼって加工した飲み物

⑤ | m | | | | |　·········· 動物が食べ物を取り入れるところ

⑥ | w | | | | |　·········· 地球上のすべての地域・すべての国

⑦ | b | | | | | |　·········· 四角いリング上でグローブをはめて相手を打ち合う競技

⑧ | f | | | | | |　·········· 一緒に何かをしたり遊んだりして親しくつき合っている人

⑨ | s | | | | | |　·········· 桜が咲く季節

⑩ | s | | | | | | |　···· 人間の胴体の最上部で右側と左側がある

42 -oo- クイズ

日本語に合うように，マス目に適切なアルファベットを入れてみましょう。

1. ☐ o o ……………………………………………………… 動物園

2. ☐ o o ☐ ……………………………………… 本

3. ☐ o o ☐ ……………………………………… 料理する

4. ☐ o o ☐ ……………………………………… 涼しい

5. ☐ o o ☐ ……………………………………… 食べ物

6. ☐ o o ☐ ……………………………………… よい

7. ☐ o o ☐ ……………………………………… 見る

8. ☐ ☐ ☐ o o ☐ ……………………………… 学校

9. ☐ o o ☐ ☐ ……………………………………… めん

10. ☐ ☐ ☐ ☐ ☐ o o ☐ ……………… 午後

残った母音から英単語を考えよう！（その１）

日本語に合うように，マス目に適切なアルファベットを入れてみましょう。

1　| e | | e | ·· 目

2　| | | e | e | ·· 木

3　| | e | e | | ·· 会う

4　| | a | | | a | ·· パンダ

5　| | e | | e | | ·· 7

6　| | o | | o | | ·· 色

7　| | a | | a | | ·· 日本

8　| a | | | a | | | ·· いつも

9　| | a | | a | | a | | ·· バナナ

10　| e | | e | | e | | ·· 11

055

残った母音から英単語を考えよう！（その２）

日本語に合うように，マス目に適切なアルファベットを入れてみましょう。

1　[　][　][e][e][　]　……… 緑

2　[　][　][　][e][e]　……… 3

3　[　][　][e][e][　]　……… ヒツジ

4　[　][　][e][e][　]　……… あまい

5　[　][e][　][e][　]　……… 決して～ない

6　[　][a][　][a][　]　……… サラダ

7　[　][o][　][　][o][　]　……… 医者

8　[　][i][　][i][　]　……… ハイキング

9　[　][a][　][a][　][a]　……… カナダ

10　[　][　][　][e][e][　]　……… 通り

同じスペリングを繰り返す英単語

日本語に合うように，マス目に適切なアルファベットを入れてみましょう。

1 | | | z | z | | ……………………………………………………… ピザ

2 | | | p | p | | ……………………………………………………… 幸せな

3 | | | n | n | | ……………………………………………………… 夕食

4 | | | r | r | | ……………………………………………………… にんじん

5 | | | | r | r | ……………………………………………………… さくらんぼ

6 | | | b | b | | ……………………………………………………… うさぎ

7 | | | c | c | | ……………………………………………………… サッカー

8 | | | m | m | | ……………………………………………………… 夏

9 | | | l | l | | ……………………………………………………… 黄色

10 | | | | | r | r | | ……………………………………… 明日

語頭と語尾が同じ
アルファベットの英単語

日本語に合うように，マス目に適切なアルファベットを入れてみましょう。

1. | e | | e | ……………………………………………………………… 目

2. | h | | | h | ……………………………………………………… 高い

3. | r | | | r | ……………………………………………………… 川

4. | m | | | m | ……………………………… 博物館

5. | d | | | | d | ……………………………… ひし形

6. | n | | | | n | ……………………………… 19

7. | e | | | | | e | ……………………… 入り口

8. | r | | | | | r | ……………………… リコーダー

9. | m | | | | | m | ……………………… きのこ

10. | s | | | | | | s | ……………… ときどき

-er クイズ（その１）

日本語に合うように，マス目に適切なアルファベットを入れてみましょう。

1. ☐ ☐ ☐ **e** **r** ……………………………………………… 川

2. ☐ ☐ ☐ **e** **r** ……………………………………………… とら

3. ☐ ☐ ☐ **e** **r** ………………………………………… 夕食

4. ☐ ☐ ☐ **e** **r** ………………………………………… 花

5. ☐ ☐ ☐ **e** **r** ………………………………………… 冬

6. ☐ ☐ ☐ **e** **r** ……………………………………… サッカー

7. ☐ ☐ ☐ **e** **r** …………………………………… 数

8. ☐ ☐ ☐ ☐ **e** **r** …………………………………… 兄／弟

9. ☐ ☐ ☐ ☐ ☐ **e** **r** ……………………………… 肩

10. ☐ ☐ ☐ ☐ ☐ ☐ **e** **r** ……………………… 新聞

-er クイズ（その2）

日本語に合うように，マス目に適切なアルファベットを入れてみましょう。

① ◻ ◻ ◻ e r …………… パン屋の店主

② ◻ ◻ ◻ e r …………… 歌手

③ ◻ ◻ ◻ e r …………… 農場経営者

④ ◻ ◻ ◻ e r …………… 教師

⑤ z o o ◻ ◻ e r …………… 動物園の飼育員

⑥ b u s ◻ ◻ ◻ e r …………… バスの運転手

⑦ f i r e ◻ ◻ ◻ e r …………… 消防士

⑧ s o c c e r ◻ ◻ ◻ e r …………… サッカー選手

⑨ f i g u r e ◻ ◻ ◻ e r …………… フィギュアスケート選手

⑩ p o l i c e ◻ ◻ ◻ e r …… 警察官

ジャンブルとはバラバラという意味です。（例）にならい，アルファベットを並べ替えてみましょう。（　　　　）にはその意味を書いてみましょう。

＜ヒント＞動物

（例）| t | a | c |　→　| c | a | t |
（　ネコ　）

①| r | e | g | e | n |　→　<ヒント>色
|　|　|　|　|　|
（　　　　　　　　　）

②| o | k | a | l | a |　→　<ヒント>動物
|　|　|　|　|　|
（　　　　　　　　　）

③| c | h | a | p | e |　→　<ヒント>果物
|　|　|　|　|　|
（　　　　　　　　　）

④| t | h | i | r | s |　→　<ヒント>身につけるもの
|　|　|　|　|　|
（　　　　　　　　　）

⑤| t | h | e | i | g |　→　<ヒント>数字
|　|　|　|　|　|
（　　　　　　　　　）

⑥| l | i | p | t | o |　→　<ヒント>職業
|　|　|　|　|　|
（　　　　　　　　　）

⑦| t | o | t | o | p | a |　→　<ヒント>野菜
|　|　|　|　|　|　|
（　　　　　　　　　　）

⑧| n | i | s | n | e | t |　→　<ヒント>スポーツ
|　|　|　|　|　|　|
（　　　　　　　　　　）

英単語から連想される動詞（動作を表す言葉）を考え，マス目に適切なアルファベットを入れてみましょう。（　　　　）にはその意味を書いてみましょう。

1 mouth ············· | e | | | （　　　　　）

2 ear ·················· | h | | | （　　　　　）

3 eye ·················· | l | | | （　　　　　）

4 book ················ | r | | | （　　　　　）

5 juice ··············· | d | | | | （　　　　　）

6 store ··············· | b | | （　　　　　）

7 bicycle ············ | r | | | （　　　　　）

8 piano ·············· | p | | | （　　　　　）

9 TV ··················· | w | | | | （　　　　　）

10 snow ··············· | s | | | （　　　　　）

<ヒント>を参考にして，９文字のアルファベットを並べ替え，英単語を作りましょう。
＿＿＿＿＿に英語，（　　　　　　）に日本語を書いてみましょう。

①

h a o
e c c
o l t

<ヒント>甘いお菓子

＿＿＿＿＿＿＿＿＿＿＿＿＿
（　　　　　　　　　　　　　）

②

i l a
p p p
e n e

<ヒント>果物

＿＿＿＿＿＿＿＿＿＿＿＿＿
（　　　　　　　　　　　　　）

③

m n b
o i t
a n d

<ヒント>スポーツ

＿＿＿＿＿＿＿＿＿＿＿＿＿
（　　　　　　　　　　　　　）

Level
★★★

<ヒント>を参考にして，9文字のアルファベットを並べ替え，英単語を作りましょう。
_____に英語，（　　　　　）に日本語を書いてみましょう。

1

s o a
o c s
l m r

<ヒント>教育を行う部屋

_____
（　　　　　　　　　　　　　　　）

2

l d a
b g d
e o l

<ヒント>球技名

_____
（　　　　　　　　　　　　　　　）

3

e n f
o a o
t n r

<ヒント>↔ morning

_____
（　　　　　　　　　　　　　　　）

Part

3

おもしろ
スペリング
パズル＆クイズ編

Level
★☆☆

<ヒント>を参考にして，かくれている2文字を補い，3文字の英単語を考えてみましょう。
_____に英語，（　　　　　）に日本語を書いてみましょう。

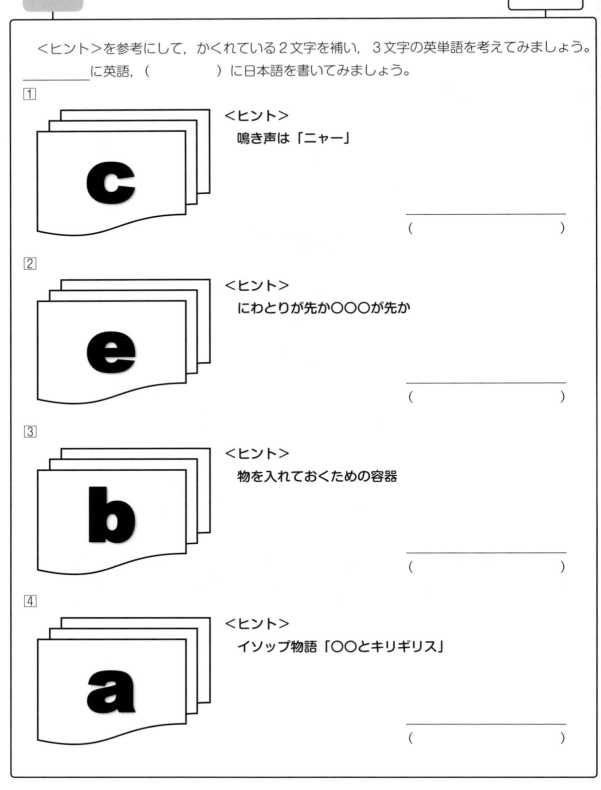

①

c

<ヒント>
鳴き声は「ニャー」

_____
（　　　　　　　　　　）

②

e

<ヒント>
にわとりが先か〇〇〇が先か

_____
（　　　　　　　　　　）

③

b

<ヒント>
物を入れておくための容器

_____
（　　　　　　　　　　）

④

a

<ヒント>
イソップ物語「〇〇とキリギリス」

_____
（　　　　　　　　　　）

54 ３文字の英単語（その２）

＜ヒント＞を参考にして，かくれている２文字を補い，３文字の英単語を考えてみましょう。
_____ に英語，（　　　　　　） に日本語を書いてみましょう。

1

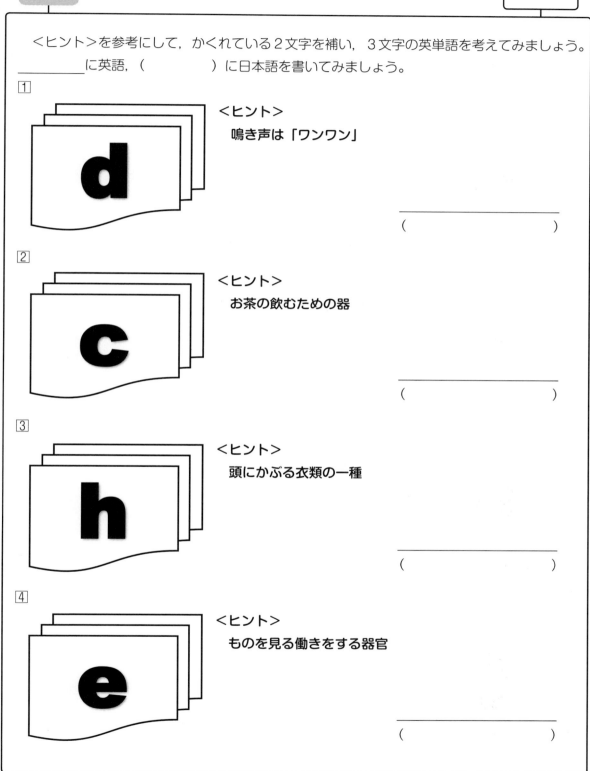

＜ヒント＞
鳴き声は「ワンワン」

_____
（　　　　　　　　　　　）

2

＜ヒント＞
お茶の飲むための器

_____
（　　　　　　　　　　　）

3

＜ヒント＞
頭にかぶる衣類の一種

_____
（　　　　　　　　　　　）

4

＜ヒント＞
ものを見る働きをする器官

_____
（　　　　　　　　　　　）

55 3文字の英単語（その3）

Level
★☆☆

<ヒント>を参考にして，かくれている2文字を補い，3文字の英単語を考えてみましょう。

_____ に英語，（　　　　　　）に日本語を書いてみましょう。

①

e

<ヒント>
音を聞く働きをする器官

_____

（　　　　　　　　　　）

②

r

<ヒント>
三原色の1つ

_____

（　　　　　　　　　　）

③

b

<ヒント>
野球で球を打つ棒

_____

（　　　　　　　　　　）

④

t

<ヒント>
両手の指の数

_____

（　　　　　　　　　　）

<ヒント>を参考にして，かくれている２文字を補い，３文字の英単語を考えてみましょう。
_____に英語，（　　　　　）に日本語を書いてみましょう。

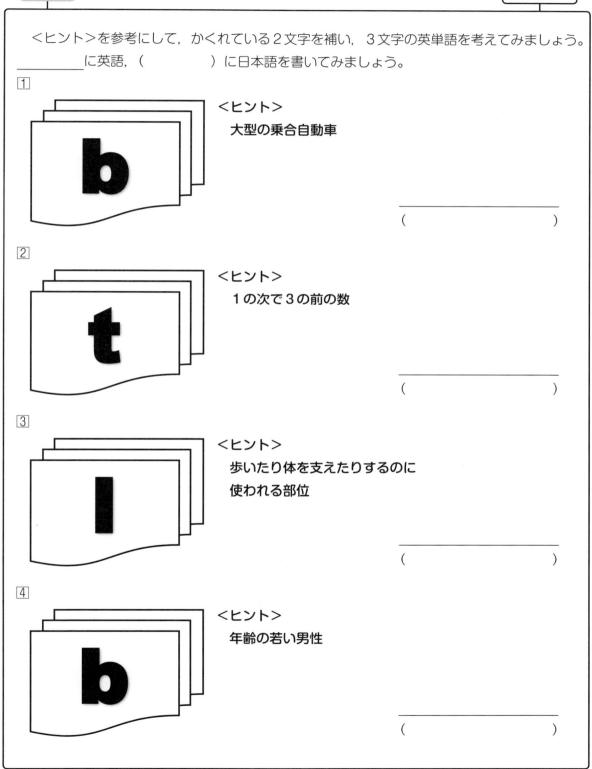

①

<ヒント>
大型の乗合自動車

（　　　　　　　　　）

②

<ヒント>
１の次で３の前の数

（　　　　　　　　　）

③

<ヒント>
歩いたり体を支えたりするのに
使われる部位

（　　　　　　　　　）

④

<ヒント>
年齢の若い男性

（　　　　　　　　　）

ハートクイズ（その１）

　＜ヒント＞を参考にして，♥の部分に適切なアルファベットを補い，４文字の英単語を完成させましょう。＿＿＿＿に英語，（　　　　　）に日本語を書いてみましょう。

①

♥	E
C	I

＜ヒント＞日本人の主食

＿＿＿＿＿＿＿＿＿＿＿＿＿＿＿＿＿＿＿＿＿＿
（　　　　　　　　　　　　　　　　　　　　　）

②

N	N
♥	E

＜ヒント＞数字

＿＿＿＿＿＿＿＿＿＿＿＿＿＿＿＿＿＿＿＿＿＿
（　　　　　　　　　　　　　　　　　　　　　）

③

N	♥
E	S

＜ヒント＞からだの一部

＿＿＿＿＿＿＿＿＿＿＿＿＿＿＿＿＿＿＿＿＿＿
（　　　　　　　　　　　　　　　　　　　　　）

④

H	A
♥	T

＜ヒント＞科目名

＿＿＿＿＿＿＿＿＿＿＿＿＿＿＿＿＿＿＿＿＿＿
（　　　　　　　　　　　　　　　　　　　　　）

<ヒント>を参考にして，♥の部分に適切なアルファベットを補い，４文字の英単語を完成させましょう。＿＿＿＿＿に英語，（　　　　　　）に日本語を書いてみましょう。

①

♥ G
L R

<ヒント>↔ boy

＿＿＿＿＿＿＿＿＿＿＿＿＿＿＿＿＿＿＿＿
（　　　　　　　　　　　　　　　　　　　）

②

T F
♥ E

<ヒント>↔ right

＿＿＿＿＿＿＿＿＿＿＿＿＿＿＿＿＿＿＿＿
（　　　　　　　　　　　　　　　　　　　）

③

L ♥
O D

<ヒント>↔ hot

＿＿＿＿＿＿＿＿＿＿＿＿＿＿＿＿＿＿＿＿
（　　　　　　　　　　　　　　　　　　　）

④

I G
♥ N

<ヒント>↔ queen

＿＿＿＿＿＿＿＿＿＿＿＿＿＿＿＿＿＿＿＿
（　　　　　　　　　　　　　　　　　　　）

59 回転英単語（その１）

　右回り，または左回りで５文字の英単語を探し，＿＿＿＿＿に英語，（　　　　　）に日本語を書いてみましょう。

1

＿＿＿＿＿＿＿＿（　　　　　　　　　　）

2

＿＿＿＿＿＿＿＿（　　　　　　　　　　）

3

＿＿＿＿＿＿＿＿（　　　　　　　　　　）

60 回転英単語（その２）

右回り，または左回りで５文字の英単語を探し，＿＿＿＿＿＿＿に英語，（　　　　　）に日本語を書いてみましょう。

1

＿＿＿＿＿＿＿＿（　　　　　　　　　　）

2

＿＿＿＿＿＿＿＿（　　　　　　　　　　）

3

＿＿＿＿＿＿＿＿（　　　　　　　　　　）

右回り，または左回りで５文字の英単語を探し，＿＿＿＿＿＿に英語，（　　　　　）に日本語を書いてみましょう。

1

＿＿＿＿＿＿＿＿＿＿（　　　　　　　　　　）

2

＿＿＿＿＿＿＿＿＿＿（　　　　　　　　　　）

3

＿＿＿＿＿＿＿＿＿＿（　　　　　　　　　　）

62 回転英単語（その４）

右回り，または左回りで５文字の英単語を探し，＿＿＿＿＿に英語，（　　　　　）に日本語を書いてみましょう。

①

＿＿＿＿＿＿＿（　　　　　　　　）

②

＿＿＿＿＿＿＿（　　　　　　　　）

③

＿＿＿＿＿＿＿（　　　　　　　　）

日本語に合うように，マス目に適切なアルファベットを入れてみましょう。

①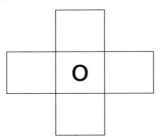

【たて】 少年

【横】 犬

②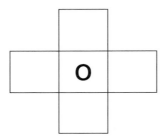

【たて】 きつね

【横】 仕事

③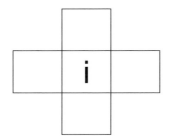

【たて】 ぶた

【横】 6

④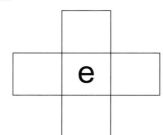

【たて】 海

【横】 紅茶

十字架パズル （その２）

日本語に合うように，マス目に適切なアルファベットを入れてみましょう。

①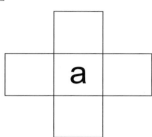

【たて】 ねこ

【横】 かばん

②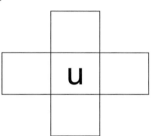

【たて】 茶わん

【横】 太陽

③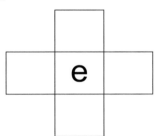

【たて】 赤

【横】 10

④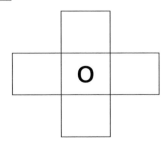

【たて】 箱

【横】 動物園

十字架パズル（その３）

日本語に合うように，マス目に適切なアルファベットを入れてみましょう。

①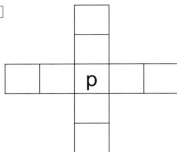

【たて】　りんご

【横】　日本

②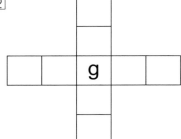

【たて】　8

【横】　夜

③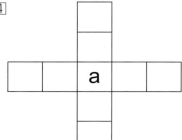

【たて】　へび

【横】　いす

④

【たて】　ピアノ

【横】　黒

日本語に合うように，マス目に適切なアルファベットを入れてみましょう。

①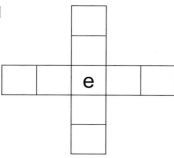

【たて】　パン

【横】　　緑

②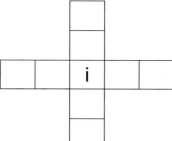

【たて】　白

【横】　　たまねぎ

③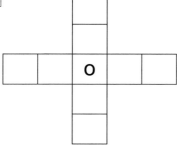

【たて】　茶色

【横】　　時計

④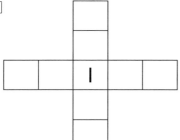

【たて】　色

【横】　　サラダ

しりとりスクエア

日本語に合うように，英単語でしりとりをしてみましょう。

1

① 右

④ トラ

② 3

③ 8

2

① テニス

④ ラケット

② 春

③ ギター

6面のうち，こちら側からは３面しか見えません。＜ヒント＞を参考にして，かくれている３面を考え，英単語を完成させましょう。＿＿＿＿に英語，（　　　　　　）に日本語を書いてみましょう。なお，こちら側から見えているいずれかのアルファベットが，その英単語の最初の文字となります。

①

<＜ヒント＞果物

＿＿＿＿＿＿＿＿＿＿＿（　　　　　　　　　　　　　）

②

＜ヒント＞楽器

＿＿＿＿＿＿＿＿＿＿＿（　　　　　　　　　　　　　）

③

＜ヒント＞色

＿＿＿＿＿＿＿＿＿＿＿（　　　　　　　　　　　　　）

6面のうち，こちら側からは3面しか見えません。＜ヒント＞を参考にして，かくれている3面を考え，英単語を完成させましょう。＿＿＿＿＿＿に英語，（　　　　　　）に日本語を書いてみましょう。なお，こちら側から見えているいずれかのアルファベットが，その英単語の最初の文字となります。

1

＜ヒント＞果物

_____（　　　　　　　　　　　　）

2

＜ヒント＞スポーツ

_____（　　　　　　　　　　　　）

3

＜ヒント＞動物

_____（　　　　　　　　　　　　）

キュービッククイズ（その３）

６面のうち，こちら側からは３面しか見えません。＜ヒント＞を参考にして，かくれている３面を考え，英単語を完成させましょう。＿＿＿＿に英語，（　　　　）に日本語を書いてみましょう。なお，こちら側から見えているいずれかのアルファベットが，その英単語の最初の文字となります。

①

<ヒント>動物

＿＿＿＿＿＿＿＿＿＿＿（　　　　　　　　　　）

②

<ヒント>野菜

＿＿＿＿＿＿＿＿＿＿＿（　　　　　　　　　　）

③

<ヒント>スポーツ

＿＿＿＿＿＿＿＿＿＿＿（　　　　　　　　　　）

71 キュービッククイズ（その4）

6面のうち，こちら側からは3面しか見えません。＜ヒント＞を参考にして，かくれている3面を考え，英単語を完成させましょう。＿＿＿＿に英語，（　　　　　）に日本語を書いてみましょう。なお，こちら側から見えているいずれかのアルファベットが，その英単語の最初の文字となります。

①

＜ヒント＞野菜

＿＿＿＿＿＿＿＿＿（　　　　　　　　　　　）

②

＜ヒント＞楽器

＿＿＿＿＿＿＿＿＿（　　　　　　　　　　　）

③

＜ヒント＞果物

＿＿＿＿＿＿＿＿＿（　　　　　　　　　　　）

飲み物クイズ（その１）

バラバラのアルファベットを並べ替えて飲み物を完成させ，＿＿＿＿＿＿に英語，
（　　　　　）に日本語を書いてみましょう。

①

K I
L M

＿＿＿＿＿＿＿＿＿＿＿＿＿＿＿
（　　　　　　　　　　　　　　）

②

E U
I J C

＿＿＿＿＿＿＿＿＿＿＿＿＿＿＿
（　　　　　　　　　　　　　　）

③

F E O
F C E

＿＿＿＿＿＿＿＿＿＿＿＿＿＿＿
（　　　　　　　　　　　　　　）

飲み物クイズ（その２）

バラバラのアルファベットを並べ替えて飲み物を完成させ，＿＿＿＿＿＿に英語，
（　　　　）に日本語を書いてみましょう。

①

＿＿＿＿＿＿＿＿＿＿
（　　　　　　　　　）

②

＿＿＿＿＿＿＿＿＿＿
（　　　　　　　　　）

③

＿＿＿＿＿＿＿＿＿＿
（　　　　　　　　　）

74 鍵盤クイズ（その１）

Level
★★☆

ピアノの鍵盤で，次の音を弾くと，どんな英単語になるか考えてみましょう。
＿＿＿＿＿に英語，（　　　　　　）に日本語を書いてみましょう。

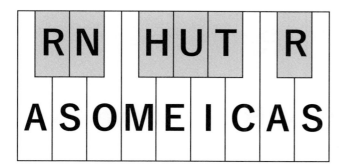

1

レ	シ	ラ	ソ	レ♯	シ	ソ

＿＿＿＿＿＿＿＿＿＿＿＿＿
（　　　　　　　　　　　　）

2

ファ	ソ♯	レ	ソ	ソ♯	ファ

＿＿＿＿＿＿＿＿＿＿＿＿＿
（　　　　　　　　　　　　）

3

ソ	レ♯	ラ♯	ド♯	ド	レ♯	シ	ソ

＿＿＿＿＿＿＿＿＿＿＿＿＿
（　　　　　　　　　　　　）

4

ド♯	ソ	レ	ラ♯	ド♯	ミ	ミ	ファ

＿＿＿＿＿＿＿＿＿＿＿＿＿
（　　　　　　　　　　　　）

75 鍵盤クイズ（その２）

Level
★★☆

ピアノの鍵盤で，次の音を弾くと，どんな英単語になるか考えてみましょう。
_____ に英語，（　　　　　　）に日本語を書いてみましょう。

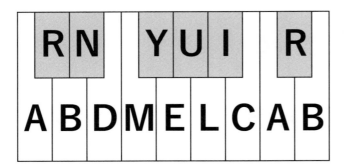

R N　Y U I　R
A B D M E L C A B

①

レ♯	ソ♯	ファ	レ	ソ	ド♯

_____
（　　　　　　　　　　　　）

②

シ	ド	ラ	ソ	レ♯	ミ	ド	ド♯

_____
（　　　　　　　　　　　　）

③

ソ♯	ファ	レ	ド♯	ソ	ラ	ラ	ド

_____
（　　　　　　　　　　　　）

④

ラ	ラ♯	レ	ド♯	ド	ド♯	ファ♯

_____
（　　　　　　　　　　　　）

日という漢字を塗りつぶして英単語を作ろう！（その１）

（例）にならい，日本語に合うように英単語を完成させましょう。

（例）

茶わん

1.

帽子

2.

顔

3.

スープ

（例）にならい，日本語に合うように英単語を完成させましょう。

（例）

茶わん

① りんご

② 授業

③ 家

090

日という漢字を塗りつぶして英単語を作ろう！（その３）

（例）にならい，日本語に合うように英単語を完成させましょう。

（例）

茶わん

1

もも

2

ひつじ

3

形

79 煙突クイズ（その１）

Level
★★★

工場の煙突から煙が出ています。バラバラのアルファベットを並べ替えてその工場が作っているものを完成させ，＿＿＿＿に英語，（　　　　　）に日本語を書いてみましょう。

① **COCKL**

_____

(　　　　　　　　　　　　　　　　　　　)

② **DREAB**

_____

(　　　　　　　　　　　　　　　　　　　)

③ **CUPMOTER**

_____

(　　　　　　　　　　　　　　　　　　　)

80 煙突クイズ（その２）

工場の煙突から煙が出ています。バラバラのアルファベットを並べ替えてその工場が作っているものを完成させ，_____に英語，（　　　　　）に日本語を書いてみましょう。

① **CEBICLY**

_____

（　　　　　　　　　　　　　　　　　　　　）

② **TELOCOACH**

_____

（　　　　　　　　　　　　　　　　　　　　）

③ **HEPOLETEN**

_____

（　　　　　　　　　　　　　　　　　　　　）

Level
★★★

バラバラのアルファベットを並べ替えて料理を完成させ，＿＿＿＿＿に英語，（　　　）に日本語を書いてみましょう。

1

M
T
L
E
E
O

＿＿＿＿＿＿＿＿＿＿＿＿＿＿＿＿＿＿
（　　　　　　　　　　　　　　　　）

2

E
A
U
M
H
R
R
B
G

＿＿＿＿＿＿＿＿＿＿＿＿＿＿＿＿＿＿
（　　　　　　　　　　　　　　　　）

3

G
T
I
P
H
T
S
E
A

＿＿＿＿＿＿＿＿＿＿＿＿＿＿＿＿＿＿
（　　　　　　　　　　　　　　　　）

82 料理名クイズ（その２）

Level
★★★

　バラバラのアルファベットを並べ替えて料理を完成させ，＿＿＿＿に英語，（　　　）に日本語を書いてみましょう。

1

A
G　U　E　A
S　　　E
　　　S

（　　　　　　　　　　　　　　　）

2

N
W　　　H
S　　　I
D　A　C

（　　　　　　　　　　　　　　　）

3

E
T　　　A
B　E　F
K　E　S

（　　　　　　　　　　　　　　　）

Part

4

英語クイズ
アラカルト編

Level
★☆☆

（例）にならい，英単語の意味をひらがな２字で答え，使ったひらがなを右のワクから消し，残ったひらがなでできる言葉を考えてみましょう。

（例）cow ｜ う ｜ し ｜

① pig ｜ ｜ ｜

② cat ｜ ｜ ｜

③ tiger ｜ ｜ ｜

④ ant ｜ ｜ ｜

⑤ horse ｜ ｜ ｜

⑥ spider ｜ ｜ ｜

⑦ dog ｜ ｜ ｜

⑧ snake ｜ ｜ ｜

⑨ goat ｜ ｜ ｜

あ こ へ も̸ り う ぬ ね ま る
し̸ た い く や と さ ぶ び ら ぎ

残ったひらがなで
できる言葉

｜ ｜ ｜

英語では

_____

残ったひらがなでできる言葉は？（その２）

（例）にならい，英単語の意味をひらがな２字で答え，使ったひらがなを右のワクから消し，残ったひらがなでできる言葉を考えてみましょう。

（例） blue 　　| あ | お |

① book

② peach

③ station

④ white

⑤ sea

⑥ dish

⑦ rice

⑧ shoulder

⑨ flower

右のワク：

ん　ら　い　~~あ~~　き　こ　み　た　も　す　え
~~あ~~　う　し　か　も　な　ほ　は　ろ　め　さ

残ったひらがなで
できる言葉

英語では

_____

（例）にならい，英単語の意味をひらがな２字で答え，使ったひらがなを右のワクから消し，
残ったひらがなでできる言葉を考えてみましょう。

（例） star　｜ほ｜し｜

① night

② box

③ house

④ river

⑤ mouth

⑥ summer

⑦ mountain

⑧ morning

⑨ temple

え ら は い く て や か ま
ほ つ あ わ ち よ ふ な ゆ さ こ

残ったひらがなで
できる言葉

英語では

_____

100

86 月クイズ

それぞれの月と関連のある英単語を線で結んでみましょう。

① May	・	・	Children's Day
② January	・	・	Doll's Festival
③ August	・	・	New Year's Day
④ September	・	・	New Year's Eve
⑤ July	・	・	Star Festival
⑥ March	・	・	Valentine's Day
⑦ December	・	・	Mountain Day
⑧ February	・	・	Culture Day
⑨ June	・	・	entrance ceremony
⑩ November	・	・	Sports Day
⑪ April	・	・	tyhoon
⑫ October	・	・	rainy season

対になる英単語となるよう，マス目に適切なアルファベットを入れてみましょう。

① boy　　　↔　　g

② brother　↔　　s

③ winter　↔　　s

④ king　　↔　　q

⑤ mother　↔　　f

⑥ new　　↔　　o

⑦ right　↔　　l

⑧ cold　　↔　　h

⑨ big　　↔　　s

⑩ long　　↔　　s

日本語に合うように，マス目に適切なアルファベットを入れてみましょう。

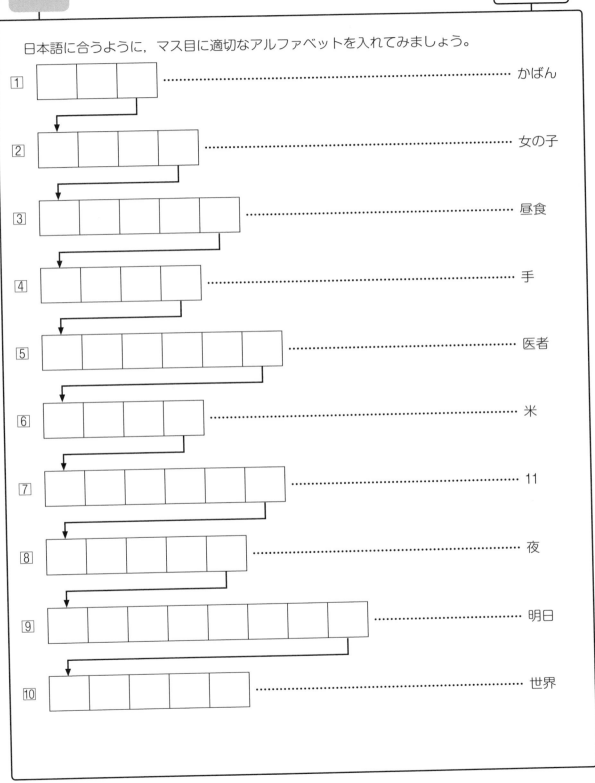

1 ……… かばん

2 ……… 女の子

3 ……… 昼食

4 ……… 手

5 ……… 医者

6 ……… 米

7 ……… 11

8 ……… 夜

9 ……… 明日

10 ……… 世界

89 英単語の足し算

Level ★★☆

（例）にならい，AグループとBグループの英単語を足し算して，新しい英単語を作ってみましょう。_____に英語，（　　　　　）に日本語を書いてみましょう。

Aグループ	Bグループ
※ class	※ room
water	fast
basket	day
break	chair
book	melon
birth	paper
home	bow
news	noon
wheel	work
rain	ball
after	store

（例）　classroom　　（　教室　）

1　_____　（　　　）

2　_____　（　　　）

3　_____　（　　　）

4　_____　（　　　）

5　_____　（　　　）

6　_____　（　　　）

7　_____　（　　　）

8　_____　（　　　）

9　_____　（　　　）

10　_____　（　　　）

（例）にならい，マス目に適切なアルファベットを入れてみましょう。

（例）

| H |
| A |
| T |

（帽子）

1

| |
| |
| |

（2）

2

| |
| |
| |

（5月）

3

| |
| |
| |
| |

（算数）

4

| |
| |
| |
| |
| |

（□）

5

| |
| |
| |
| |
| |
| |

（トマト）

左右対称のアルファベット

A H I M O T U V W X Y

仲間はずれクイズ

6つの英単語の中から，1つだけ仲間はずれなものを探してみましょう。

1

three	one	six
seven	nine	five

仲間はずれなもの＿＿＿＿＿＿＿＿　理由（　　　　　　　　　　）

2

April	May	August
March	July	December

仲間はずれなもの＿＿＿＿＿＿＿＿　理由（　　　　　　　　　　）

3

head	eye	neck
face	nose	mouth

仲間はずれなもの＿＿＿＿＿＿＿＿　理由（　　　　　　　　　　）

4

bear	lion	monkey
horse	frog	elephant

仲間はずれなもの＿＿＿＿＿＿＿＿　理由（　　　　　　　　　　）

ある基準をもとに，アルファベットをAグループとBグループに分けました。その基準とは何でしょうか？

① Aグループ

A H I M O T U V W X Y

Bグループ

B C D E F G J K L N P Q R S Z

分けた基準は（　　　　　　　　　　　　　　　　　　　　　　　　　　　）

② Aグループ

A E F H I K L M N T V W X Y Z

Bグループ

B C D G J O P Q R S U

分けた基準は（　　　　　　　　　　　　　　　　　　　　　　　　　　　）

③ Aグループ

B C D G I J L M N O P R S U V W Z

Bグループ

A E F H K Q T X Y

分けた基準は（　　　　　　　　　　　　　　　　　　　　　　　　　　　）

93 アルファベットクイズ（その1）

Level ★★☆

次のものを表すアルファベットを1語で答えましょう。

① 「駐車場」を表すアルファベットは何でしょう？

② 服のサイズの表示で「大」を表すアルファベットは何でしょう？

③ 服のサイズの表示で「中」を表すアルファベットは何でしょう？

④ 服のサイズの表示で「小」を表すアルファベットは何でしょう？

⑤ 建物で「階数」を表すアルファベットは何でしょう？

⑥ 建物の階数の表示で「屋上」を表すアルファベットは何でしょう？

⑦ 建物の階数の表示で「地下」を表すアルファベットは何でしょう？

⑧ 燃料計の表示で「満タン」を表すアルファベットは何でしょう？

⑨ 燃料計の表示で「空（から）」を表すアルファベットは何でしょう？

⑩ 「金の純度」を表すアルファベットは何でしょう？

アルファベットクイズ（その２）

① ?に入るアルファベットを考えましょう。

①
- えんぴつ＝I
- コンパス＝V
- 分度器＝?

?に入るアルファベットは

②
- アメリカ＝D
- 韓国＝W
- フランス＝E
- 日本＝?

?に入るアルファベットは

③
- 家　＝　A
- 池　＝　K
- 石　＝　C
- 岩　＝　?

?に入るアルファベットは

② ?に入る数字を考えましょう。

①
- K＋A＋A＝15
- K＋J＋J＝35
- A＋A＋Q＝?

?に入る数字は

②
- M　＝　45
- T　＝　15
- S　＝　64
- H　＝　?

?に入る数字は

③
- T　＝　1
- D　＝　1
- F　＝　2
- K　＝　?

?に入る数字は

ある規則に従ってアルファベットが並んでいます。その規則とは何でしょうか？

① | S | S | A | W |

（　　　　　　　　）

② | E | W | S | N |

（　　　　　　　　）

③ | S | M | T | W | T | F | S |

（　　　　　　　　）

④ | D | R | M | F | S | L | S | D |

（　　　　　　　　）

⑤ | O | T | T | F | F | S | S | E | N | T |

（　　　　　　　　）

⑥ | J | F | M | A | M | J | J | A | S | O | N | D |

（　　　　　　　　）

96	アルファベットクイズ （その４）

Level ★★★

ある規則に従ってアルファベットが並んでいます。その規則に合うよう，？に適切なアルファベットを入れてみましょう。

① O　K　？　R　S

？に入るアルファベットは ☐

② N　U　？　U　？　M　U　H　S　？　I　I

？に入るアルファベットは ☐

③ A　F　H　？　M　N　S　X

？に入るアルファベットは ☐

④ M　M　C　M　M　？　M

？に入るアルファベットは ☐

⑤ T　F　M　Y　？　M　N　Y　K　T

？に入るアルファベットは ☐

⑥ I　J　H　S　？　O　C　K …

？に入るアルファベットは ☐

⑦ A　？　D　F　G　H　J　K　L

？に入るアルファベットは ☐

111

カタカナ語を省略しない形にしてみよう！

（例）にならい，マス目に適切なカタカナを入れてみましょう。

（例）テレビ | テ | レ | ビ | ジ | ョ | ン

① ハンカチ

② パトカー

③ インフレ

④ コンビ

⑤ イラスト

⑥ リハビリ

⑦ デパート

⑧ コンビニ

⑨ マスコミ

アルファベット略語を カタカナで考えよう！

Level
★★★

（例）にならい，マス目に適切なカタカナを入れてみましょう。

（例）KO | ノ | ッ | ク | | ア | ウ | ト

1 HP

2 PK

3 CD

4 PC

5 CM

6 PR

7 CG

8 DVD

9 SNS

（例）にならい，質問に数字で答え，その数字をアルファベットに置き換えてマス目に入れて，英単語を完成させましょう。（　　　　　　　）にはその英単語の意味を書きましょう。

☞12月25日

1	2	2	5
f	o	o	d

（　　　　食べ物　　　　）

（例）クリスマスは何月何日？
⓪①②③④⑤⑥⑦⑧⑨
a　f　o　s　p　d　m　i　d　e

① 東京スカイツリーの高さは何m？
⓪①②③④⑤⑥⑦⑧⑨
p　o　t　u　n　z　s　r　h　i

（　　　　　　　　　　）

② 除夜の鐘はいくつつく？
⓪①②③④⑤⑥⑦⑧⑨
o　j　a　t　d　e　s　f　b　u

（　　　　　　　　　　）

③ 終戦の日は何月何日？
⓪①②③④⑤⑥⑦⑧⑨
m　a　q　i　u　t　e　s　h　o

（　　　　　　　　　　）

④ 富士山の高さは何m？
⓪①②③④⑤⑥⑦⑧⑨
y　i　k　m　p　a　t　e　w　y

（　　　　　　　　　　）

⑤ マラソンの走行距離は何m？
⓪①②③④⑤⑥⑦⑧⑨
s　e　r　z　b　d　o　p　t　a

（　　　　　　　　　　）

⑥ 1日は何秒？
⓪①②③④⑤⑥⑦⑧⑨
e　b　s　g　r　o　h　l　t　a

（　　　　　　　　　　）

100 英語として通じるもの／通じないものクイズ

Level
★★★

1　英語として通じるものを1つ選び，番号で答えましょう。

①❶パトカー　　　　　　❷スポーツカー　　　　❸キャンピングカー
（　　　　　）

②❶ボールペン　　　　　❷フェルトペン　　　　❸マジックペン
（　　　　　）

③❶コンパス　　　　　　❷ホチキス　　　　　　❸シャープペンシル
（　　　　　）

④❶シュークリーム　　　❷アイスクリーム　　　❸ソフトクリーム
（　　　　　）

⑤❶デッドボール　　　　❷ピンチヒッター　　　❸ゲームセット
（　　　　　）

⑥❶ダンプカー　　　　　❷レーシングカー　　　❸リヤカー
（　　　　　）

2　英語として通じないものを1つ選び，番号で答えましょう。

①❶オートバイ　　　　　❷モノレール　　　　　❸ロープウェイ
（　　　　　）

②❶ピーマン　　　　　　❷セロリ　　　　　　　❸ブロッコリー
（　　　　　）

③❶コスモス　　　　　　❷シクラメン　　　　　❸サボテン
（　　　　　）

④❶ルームサービス　　　❷セルフサービス　　　❸アフターサービス
（　　　　　）

⑤❶スポーツマン　　　　❷セールスマン　　　　❸ガードマン
（　　　　　）

⑥❶デコレーションケーキ　❷バースデーケーキ　❸クリスマスケーキ
（　　　　　）

解答編

01 英単語の出現 (p.012)

① HOUSE（家）

C	B	G	D	O	S	R	C	B	D	Q	O	P	D	R	B	O	G	C	O	B	G	P	S	B	P	D	S	R	B	J
G	A	R	J	E	P	Q	F	I	X	H	D	J	I	S	O	K	S	J	L	H	W	M	C	G	N	Z	E	V	C	S
J	Z	B	O	Y	B	S	A	O	J	F	Q	G	H	Q	D	Y	G	D	F	C	O	R	R	O	I	D	Q	P	J	B
R	E	Q	G	H	J	O	K	G	S	H	R	P	W	J	G	V	R	C	Y	O	R	J	D	C	E	Q	C	B	R	Q
D	K	N	I	W	S	P	N	S	O	X	G	S	Z	Q	R	M	S	G	L	V	F	V	D	Q	Y	W	K	L	S	C
B	A	R	P	F	P	J	V	Q	G	M	D	J	E	S	G	E	C	P	Q	D	J	X	B	S	F	Q	G	P	O	B
R	M	S	G	L	D	C	H	G	P	N	Q	R	L	B	C	A	S	J	J	P	O	I	J	P	L	P	O	B	J	P
S	W	R	Q	X	C	J	Y	A	K	Z	B	D	I	N	A	H	C	P	M	K	N	F	O	B	E	Z	M	A	D	O
D	B	S	R	O	Q	O	C	S	D	B	C	P	D	G	S	R	D	Q	J	C	B	S	C	R	O	J	C	P	R	G

② SCHOOL（学校）

B	J	N	D	E	Q	K	E	D	P	F	L	Q	C	P	N	Z	B	D	R	G	P	C	L	B	R	S	K	Z	B	C
C	A	Y	I	O	S	H	M	O	I	C	W	F	N	M	B	U	X	T	O	E	V	A	Y	T	D	U	G	S	Q	G
Z	M	D	B	F	E	W	F	K	T	E	U	B	R	X	F	W	G	C	U	J	Y	K	J	I	F	O	L	C	R	J
J	O	E	G	Z	D	U	L	B	K	C	I	R	S	V	B	O	Q	P	M	D	H	P	E	M	K	T	F	L	K	S
G	X	W	Y	M	Z	X	K	D	G	Z	O	M	A	Y	C	T	N	D	V	G	X	E	G	Y	C	W	J	N	Z	B
E	L	C	S	V	F	T	S	J	E	J	U	R	Q	M	F	H	Q	S	A	K	T	S	J	A	L	I	L	P	G	N
S	D	Z	D	I	S	H	F	R	U	L	H	G	L	W	N	I	J	P	O	R	I	K	L	Y	K	X	F	Z	N	P
F	V	A	H	X	G	W	A	M	H	R	X	N	P	I	Z	Y	V	A	H	Z	O	H	V	U	J	T	V	W	A	N
D	G	B	E	Z	J	F	C	Q	S	J	E	Q	Z	R	K	Q	P	S	D	L	B	N	G	C	N	Q	L	P	B	E

02 動物おりクイズ（その１） (p.013)

① LION（ライオン）　　② TIGER（とら）　　③ BEAR（くま）

④ GORILLA（ゴリラ）　⑤ KOALA（コアラ）

03 動物おりクイズ（その２） (p.014)

① RABBIT（うさぎ）　② SHEEP（ひつじ）　③ PANDA（パンダ）

④ MONKEY（さる）　　⑤ ZEBRA（しまうま）

30

R	Y	E	N	D	F	S	Z	C	P
N	C	G	H	T	P	N	A	I	F
J	W	O	L	L	E	Y	N	O	B
L	A	O	X	E	I	K	B	R	G
V	O	I	R	E	D	C	U	A	D
J	E	G	T	B	K	A	H	N	M
F	P	I	L	Q	X	L	O	G	Q
Y	H	K	E	U	L	B	D	E	C
W	U	E	L	P	R	U	P	A	Z
B	W	R	K	M	S	T	V	W	N

31

C	A	L	Q	A	S	B	I	T	D
V	I	E	J	W	N	M	X	C	P
K	S	O	C	I	X	E	M	H	R
C	S	C	O	N	T	A	L	I	M
T	U	J	A	P	A	N	D	N	U
H	R	A	Y	N	B	R	O	A	E
G	N	G	I	F	A	J	E	R	H
F	E	S	G	A	I	D	N	I	K
P	Y	S	P	A	I	N	A	Z	Q
E	R	O	P	A	G	N	I	S	E

32　英単語探し（その３）(p.043)

①	MOUSE （ねずみ）	②	GORILLA （ゴリラ）	③	MONKEY （さる）
④	FOX （きつね）	⑤	ELEPHANT （ぞう）	⑥	HORSE （馬）
⑦	LION （ライオン）	⑧	PIG （ぶた）	⑨	BEAR （くま）

33　英単語探し（その４）(p.044)

①	DODGEBALL （ドッジボール）	②	ARCHERY （アーチェリー）
③	TENNIS （テニス）	④	WRESTLING （レスリング）
⑤	BADMINTON （バドミントン）	⑥	BOXING （ボクシング）
⑦	MARATHON （マラソン）	⑧	RUGBY （ラグビー）
⑨	SOCCER （サッカー）		

32

K	M	O	U	S	E	H	T	Y	J
A	L	F	Z	S	K	E	N	B	D
Y	G	O	R	I	L	L	A	I	C
L	C	O	S	X	N	A	H	F	E
G	H	G	D	O	G	T	P	D	U
C	Q	M	I	F	H	X	E	B	
D	Z	L	O	P	R	B	L	P	E
V	Y	E	K	N	O	M	E	O	J
Q	I	G	P	M	F	G	U	A	W
R	W	S	N	X	T	A	V	B	

33

N	L	L	A	B	E	G	D	O	D
O	A	E	I	L	O	U	E	M	M
T	Q	Y	R	E	H	C	R	A	D
N	Z	K	A	Y	T	I	R	J	U
I	B	A	S	E	B	A	L	L	E
M	P	I	R	O	T	G	N	V	U
D	X	G	X	H	C	F	U	H	Y
A	C	I	O	S	O	C	B	R	W
B	N	S	I	N	N	E	T	A	
G	N	I	L	T	S	E	R	W	

34 迷路（その１）(p.045)

EAST → WEST → SOUTH → NORTH

35 迷路（その２）(p.046)

SPRING → SUMMER → AUTUMN → WINTER

34 スタート⇨

E	A	S	T	S	O	U	S
A	S	E	W	O	E	T	E
S	T	W	E	U	T	E	N
T	W	T	N	O	H	W	O
W	U	O	T	R	N	T	R
E	O	O	U	T	O	S	T
S	T	S	O	U	R	T	H

35 スタート⇨

S	P	R	I	N	G	S	U
P	I	G	R	G	S	M	M
R	I	N	S	S	U	E	M
N	W	N	M	U	M	R	E
G	I	W	M	T	M	A	R
S	N	S	E	U	E	R	A
U	T	E	R	A	M	T	U

Part2　英単語作成編

36 アルファベットをつないで英単語を作ろう！（その１）(p.048)

- ① look
- ② play
- ③ sing
- ④ meet
- ⑤ wash
- ⑥ jump

37 アルファベットをつないで英単語を作ろう！（その２）(p.049)

- ① king
- ② wolf
- ③ star
- ④ tree
- ⑤ park
- ⑥ vest

38 語尾と語頭に共通するアルファベットを入れてみよう！(p.050)

- ① pota to mato
- ② ba th ree
- ③ fi sh eep
- ④ whi te acher
- ⑤ Jap an imal
- ⑥ lun ch air
- ⑦ arti st ation
- ⑧ hou se ven
- ⑨ que en trance

39 曜日クイズ（p.051）

- 1 Sunday
- 2 Monday
- 3 Tuesday
- 4 Wednesday
- 5 Thursday
- 6 Friday
- 7 Saturday

40 色クイズ（p.052）

- 1 red
- 2 blue
- 3 pink
- 4 white
- 5 brown
- 6 black
- 7 green
- 8 yellow
- 9 purple
- 10 orange

41 説明語句から英単語を考えよう！（p.053）

- 1 snow
- 2 face
- 3 horse
- 4 juice
- 5 mouth
- 6 world
- 7 boxing
- 8 friend
- 9 spring
- 10 shoulder

42 -oo- クイズ（p.054）

- 1 zoo
- 2 book
- 3 cook
- 4 cool
- 5 flood
- 6 good
- 7 look
- 8 school
- 9 noodle
- 10 afternoon

43 残った母音から英単語を考えよう！（その１）（p.055）

- 1 eye
- 2 tree
- 3 meet
- 4 panda
- 5 seven
- 6 color
- 7 Japan
- 8 always
- 9 banana
- 10 eleven

44 残った母音から英単語を考えよう！（その２）（p.056）

- 1 green
- 2 three
- 3 sheep
- 4 sweet
- 5 never
- 6 salad
- 7 doctor
- 8 hiking
- 9 Canada
- 10 street

45 同じスペリングを繰り返す英単語 (p.057)

① pizza		② happy		③ dinner	
④ carrot		⑤ cherry		⑥ rabbit	
⑦ soccer		⑧ summer		⑨ yellow	
⑩ tomorrow					

46 語頭と語尾が同じアルファベットの英単語 (p.058)

① eye		② high		③ river	
④ museum		⑤ diamond		⑥ nineteen	
⑦ entrance		⑧ recorder		⑨ mushroom	
⑩ sometimes					

47 -er クイズ（その１）(p.059)

① river		② tiger		③ dinner	
④ flower		⑤ winter		⑥ soccer	
⑦ number		⑧ brother		⑨ shoulder	
⑩ newspaper					

48 -er クイズ（その２）(p.060)

① baker		② singer		③ farmer	
④ teacher		⑤ zookeeper		⑥ bus driver	
⑦ fire fighter		⑧ soccer player		⑨ figure skater	
⑩ police officer					

49 ジャンブル (p.061)

① green（緑）		② koala（コアラ）		③ peach（もも）	
④ shirt（シャツ）		⑤ eight（8）		⑥ pilot（パイロット）	
⑦ potato（じゃがいも）		⑧ tennis（テニス）			

50 動詞クイズ (p.062)

① eat（食べる）		② hear（聞く）		③ look（見る）	
④ read（読む）		⑤ drink（飲む）		⑥ buy（買う）	
⑦ ride（乗る）		⑧ play（演奏する）		⑨ watch（見る）	
⑩ ski（スキーをする）					

59 回転英単語 （その１） (p.072)
　　① TODAY（今日）　　② LUNCH（昼食）　　③ MOUTH（口）

60 回転英単語 （その２） (p.073)
　　① SEVEN（7）　　② CLOCK（時計）　　③ MOUSE（ねずみ）

61 回転英単語 （その３） (p.074)
　　① HOUSE（家）　　② BROWN（茶色）　　③ SHEEP（ひつじ）

62 回転英単語 （その４） (p.075)
　　① PANDA（パンダ）　　② GREEN（緑）　　③ PEACH（もも）

63 十字架パズル （その１） (p.076)
　　① 【たて】boy　【横】dog　　② 【たて】fox　【横】job
　　③ 【たて】pig　【横】six　　④ 【たて】sea　【横】tea

64 十字架パズル （その２） (p.077)
　　① 【たて】cat　【横】bag　　② 【たて】cup　【横】sun
　　③ 【たて】red　【横】ten　　④ 【たて】box　【横】zoo

65 十字架パズル （その３） (p.078)
　　① 【たて】apple　【横】Japan　　② 【たて】eight　【横】night
　　③ 【たて】snake　【横】chair　　④ 【たて】piano　【横】black

66 十字架パズル （その４） (p.079)
　　① 【たて】bread　【横】green　　② 【たて】white　【横】onion
　　③ 【たて】brown　【横】clock　　④ 【たて】color　【横】salad

67 しりとりスクエア (p.080)
　　① ① right　② three　③ eight　④ tiger
　　② ① tennis　② spring　③ guitar　④ racket

68 キュービッククイズ （その１） (p.081)
　　① BANANA（バナナ）　　② VIOLIN（バイオリン）　　③ YELLOW（黄色）

CAP FACE SOUP

APPLE CLASS HOUSE

⑥　なつ　　　　⑦　やま　　　　⑧　あさ　　　　⑨　てら

残ったひらがなでできる言葉＝ふゆ／winter

86 **月クイズ**（p.101）
① May（5月）＝ Children's Day（子どもの日）
② January（1月）＝ New Year's Day（元日）
③ August（8月）＝ Mountain Day（山の日）
④ September（9月）＝ typhoon（台風）
⑤ July（7月）＝ Star Festival（七夕）
⑥ March（3月）＝ Doll's Festival（ひな祭り）
⑦ December（12月）＝ New Year's Eve（大みそか）
⑧ February（2月）＝ Valentine's Day（バレンタインデー）
⑨ June（6月）＝ rainy season（梅雨）
⑩ November（11月）＝ Culture Day（文化の日）
⑪ April（4月）＝ entrance ceremony（入学式）
⑫ October（10月）＝ Sports Day（スポーツの日）

87 **対になる英単語**（p.102）
① g|ir|l　② s|ister|　③ s|ummer|　④ queen　⑤ f|ather|
⑥ o|ld|　⑦ |left|　⑧ h|ot|　⑨ s|mall|　⑩ s|hort|

88 **英単語のしりとり**（p.103）
① bag　② girl　③ lunch　④ hand　⑤ doctor
⑥ rice　⑦ eleven　⑧ night　⑨ tomorrow　⑩ world

89 **英単語の足し算**（p.104）
① watermelon（すいか）　② basketball（バスケットボール）
③ breakfast（朝食）　④ bookstore（書店）
⑤ birthday（誕生日）　⑥ homework（宿題）
⑦ newspaper（新聞）　⑧ wheelchair（車いす）
⑨ rainbow（にじ）　⑩ afternoon（午後）

90 **左右対称クイズ**（p.105）
① TWO　　　　② MAY　　　　③ MATH

④　MOUTH　　　　　　　⑤　TOMATO

91 仲間はずれクイズ (p.106)

① 仲間なはずれなもの：six　　　　理由：six のみ偶数，他は奇数。

② 仲間なはずれなもの：April　　　理由：April のみ30日まで，他は31日まである。

③ 仲間なはずれなもの：eye　　　　理由：eye のみ２つあり，他は１つのみ。

④ 仲間なはずれなもの：frog　　　 理由：frog（かえる）のみ両生類，他は哺乳類。

92 アルファベット分類クイズ (p.107)

① Ａグループ＝左右対称である。　　　Ｂグループ＝左右対称ではない。

② Ａグループ＝直線のみである。　　　Ｂグループ＝曲線がある。

③ Ａグループ＝一筆書きできる。　　　Ｂグループ＝一筆書きできない。

93 アルファベットクイズ（その１） (p.108)

①　P（parking lot の略）　　　　②　L（large の略）

③　M（medium の略）　　　　　④　S（small の略）

⑤　F（floor の略）　　　　　　⑥　R（roof の略）

⑦　B（basement の略）　　　　⑧　F（full の略）

⑨　E（empty の略）　　　　　⑩　K（karat の略）

94 アルファベットクイズ（その２） (p.109)

①①　？に入るアルファベットは「D」＝文房具の形状

　②　？に入るアルファベットは「Y」＝通貨単位

　　アメリカは「ドル（dollar）」，韓国は「ウォン（Won）」

　　フランスは「ユーロ（Euro）」，日本は「円（Yen）」

　③　？に入るアルファベットは「Y」＝それぞれの漢字を逆から読んだもの。

　　「家（いえ）」を逆から読むと「えい（A）」

　　「池（いけ）」を逆から読むと「けい（K）」

　　「石（いし）」を逆から読むと「しい（C）」

　　「岩（いわ）」を逆から読むと「わい（Y）」

②①　14＝トランプのＡ（1）と絵札Ｊ（11）Ｑ（12）Ｋ（13）を足した数。

　②　31＝M（明治）＝45年，T（大正）＝15年

　　　S（昭和）＝64年，H（平成）＝31年

　③　43＝都道府県の数（T＝都，D＝道，F＝府，K＝県）

95 アルファベットクイズ（その３）(p.110)

1. 春夏秋冬＝Spring, Summer, Autumn, Winter
2. 東西南北＝East, West, South, North
3. 曜日（日月火水木金土）＝Sunday, Monday, Tuesday, Wednesday, Thursday, Friday, Saturday
4. 音階（ドレミファソレシド）＝do, re, mi, fa, sol, la, si, do
5. 数字（12345678910）＝one, two, three, four, five, six, seven, eight, nine, ten
6. 月（１月〜12月）＝January, February, March, April, May, June, July, August, September, October, November, December

96 アルファベットクイズ（その４）(p.111)

1. ？に入るアルファベットは「K」
   「お」とし」「き」ょねん」「こ」とし」「ら」いねん」「さ」らいねん」
2. ？に入るアルファベットは「T」
   「ね」「う」し」「と」ら」「う」「た」つ」「み」「う」ま」「ひ」つじ」
   「さ」る」「と」り」「い」ぬ」「い」
3. ？に入るアルファベットは「L」
   「エ」イ」「エ」フ」「エ」イチ」「エ」ル」「エ」ム」「エ」ヌ」「エ」ス」「エ」ックス」
4. ？に入るアルファベットは「K」
   「mm」「cm」「m」「km」
5. ？に入るアルファベットは「I」
   「つ」いたち」「ふ」つか」「み」っか」「よ」っか」「い」つか」
   「む」いか」「な」のか」「よ」うか」「こ」このか」「と」うか」
6. ？に入るアルファベットは「M」
   「一（い」ち）」「十（じ」ゅう）」「百（ひ」ゃく）」「千（せ」ん）」
   「万（ま」ん）」「億（お」く）」「兆（ち」ょう）」「京（け」い）」…
7. ？に入るアルファベットは「S」
   キーボードの配列

97 カタカナ語を省略しない形にしてみよう！(p.112)

1. ハンカチーフ
2. パトロールカー
3. インフレーション
4. コンビネーション
5. イラストレーション
6. リハビリテーション
7. デパートメントストア
8. コンビニエンスストア

⑨　マスコミュニケーション

98 アルファベット略語をカタカナで考えよう！ (p.113)
①　ホーム ページ　　　　　　　　　②　ペナルティ キック
③　コンパクト ディスク　　　　　　④　パーソナル コンピュータ
⑤　コマーシャル メッセージ　　　　⑥　パブリック リレーションズ
⑦　コンピュータ グラフィックス　　⑧　デジタル バーサタイル ディスク
⑨　ソーシャル ネットワーキング サービス

99 数字クイズ (p.114)
①　634＝ sun（太陽）　　　　　　②　108＝ job（仕事）
③　815＝hat（帽子）　　　　　　④　3776＝ meet（会う）
⑤　42195＝ bread（パン）　　　　⑥　86400＝ three（3）

100 英語として通じるもの／通じないものクイズ (p.115)
①①❷　「パトカー」は「パトロール［ポリス］カー（patrol［police］car）」，「キャンピングカー」は「キャンパー（camper）」という。
②❷　「ボールペン」は「ボールポイントペン（ball-point pen）」，「マジックペン」は「マジックマーカー（magic marker）」という。
③❶　「ホチキス」は「ステープラー（stapler）」，「シャープペンシル」は「メカニカルペンシル（mechanical pencil）」という。
④❷　「シュークリーム」は「クリームパフ（cream puff）」，「ソフトクリーム」は「ソフトサーブアイスクリーム（soft-serve ice cream）」という。
⑤❷　「デッドボール」は「ヒット・バイ・ピッチ（hit by pitch）」，「ゲームセット」は「ザ・ゲーム・イズ・オーバー（The game is over.）」という。
⑥❷　「ダンプカー」は「ダンプトラック（dump truck）」，「リヤカー」は「［バイシクルドゥローン］カート（［bicycle-drawn］cart）」という。
②①❶　「オートバイ」は「モーターサイクル（motorcycle）」という。
②❶　「ピーマン」は「グリーンペッパー（green pepper）」という。
③❸　「サボテン」は「カクタス（cactus）」という。
④❸　「アフターサービス」は「アフターセールスサービス（after-sales service）」という。
⑤❸　「ガードマン」は「セキュリティーガード（security guard）」という。
⑥❶　「デコレーションケーキ」は「ファンシー［デコレーティッド］ケーキ（fancy［decorated］cake）」という。

【著者紹介】

吉田　文典（よしだ　ふみのり）

1963年7月　神奈川県川崎市に生まれる
1986年3月　専修大学文学部英米文学科卒業
1986年4月　神奈川県立厚木北高等学校勤務
1993年4月　神奈川県立厚木商業高等学校勤務
2005年4月　神奈川県立伊志田高等学校勤務
2015年4月　神奈川県立有馬高等学校勤務

【著書】

『授業に使える英語パズル・雑学教材114』1997年
『続・授業に使える英語パズル・雑学教材120』1998年
『授業にスパイス！英語パズル・雑学教材128』1999年
『英単語スーパー記憶！授業に使える英語パズル・雑学教材136』2000年
『授業に使える英語三択クイズ＆○×クイズ1500』2006年
『基本英単語が身につく！授業に使える英語クロスワードパズル125』2007年
『授業に使える"よーく考える"英語クイズ＆パズル集』2007年
『いつでも・どこでも大活躍！おもしろ英語マテリアル傑作選』2014年
『語彙力がぐんぐんアップする！中学生のための英語パズル＆クイズ』2017年
（以上，明治図書）

小学校英語サポートBOOKS
覚えたい600語を収録！
小学校英語教科書単語パズル＆クイズ100

2020年8月初版第1刷刊　©著　者　吉　田　文　典
　　　　　　　　　　　発行者　藤　原　光　政
　　　　　　　　　　　発行所　明治図書出版株式会社
　　　　　　　　　　　http://www.meijitosho.co.jp
　　　　　　　　　　　（企画）木山麻衣子（校正）丹治梨奈
　　　　　　　　　　　〒114-0023　東京都北区滝野川7-46-1
　　　　　　　　　　　振替00160-5-151318　電話03(5907)6702
　　　　　　　　　　　ご注文窓口　電話03(5907)6668
＊検印省略　　　　　組版所　藤　原　印　刷　株　式　会　社

Printed in Japan　　　　　ISBN978-4-18-311642-0
もれなくクーポンがもらえる！読者アンケートはこちらから　→